KiWi 240

Der Autor
Wolf Biermann, geboren 1936 in Hamburg. Vater Jude und Kommunist, kam in Auschwitz um. 1953 Übersiedlung in die DDR, Studium der Philosophie, Ökonomie und Mathematik in Berlin. Regieassistent beim Berliner Ensemble. Ab 1965 unter Verbot. 1976 Ausbürgerung aus der DDR. Lebt seitdem in Hamburg.

Weitere Werke bei k & w
Nachlaß I, 1977; *Exil.* Die Ausbürgerung Wolf Biermanns aus der DDR. Eine Dokumentation, hg. von Peter Roos, 1977; *Preußischer Ikarus.* Lieder/Balladen/Gedichte/Prosa, 1978; *Verdrehte Welt – das seh' ich gerne.* Lieder/Balladen/Gedichte/Prosa, 1982; *Das Märchen von dem Mädchen mit dem Holzbein,* 1979; *Affenfels und Barrikade.* Gedichte/Lieder/Balladen, 1986. *Klartexte im Getümmel,* 13 Jahre im Westen. Von der Ausbürgerung bis zur November-Revolution, KiWi 2/7.

Wolf Biermann

Über das Geld und andere Herzensdinge

Prosaische Versuche über Deutschland

Kiepenheuer & Witsch

© 1991 by Verlag Kiepenheuer & Witsch, Köln
Dieser Band entstand in Zusammenarbeit mit
Pamela Biermann und Hannes Stein.
Umschlag: Lothar Reher, Berlin, unter Verwendung einer Zeichnung
von Horst Hussel
Satz: Fotosatz Froitzheim, Bonn
Druck und Bindearbeiten: Clausen & Bosse, Leck
ISBN 3-462-02091-9

Inhalt

Vorwort

Die Deutschen östlich der Mauer haben den zweihundert-
sten Jahrestag der Französischen Revolution origineller gefeiert als die verkitschten Franzosen. Sie spielten ein gewalt-
freies Revolutions-Stück, das vom Fernsehn in alle Welt
übertragen wurde.

Ganz Deutschland war in diesen bewegenden Tagen wie ein
großes Theaterhaus. Die Plebejer probten nicht, sie machten
den Aufstand. Und die Wessis klatschten ihren Brüdern und
Schwestern verdattert Beifall. Vorn an der Rampe standen
solche Idole wie Bärbel Bohley und Jens Reich – aber auch
dunkle Stasiagenten traten ins Scheinwerferlicht, denn sie
hatten sich an die Spitze der Bürgerrechtsbewegung ge-
drängt, um sie besser abbrechen zu können.

Es war die illuminierte Mauer, die als Rampe das staunende
Publikum von den Darstellern trennte. Und wie es oft genug
in moderneren Inszenierungen gemacht wird, sprang auch
mancher Held durch den Eisernen Vorhang ins Parkett.
Allerhand welthistorische Komparsen flitzten über Prag und
Budapest in den Zuschauerraum. Manch davongelaufener
Kleindarsteller hüpfte seiner Tante in Düsseldorf auf den
Schoß und schaute seinem eigenen Drama zu, als wär's ein
Stück vom anderen Stern.

Obwohl mir die Götter in diesem ganzen Theater eine tra-
gende Rolle zugedacht hatten, saß ich seit der Ausbürgerung
im November 1976 mit meiner Gitarre im Westen unter den
ungekämmten Kindern des Olymp im Publikum und lachte
und pfiff und gröhlte über die Balustrade. Dann kam die
Schlußszene mit dem Sturz des Politbüros und dem Zusammenbruch der alten Tyrannei.

Bei der allerersten Gelegenheit trieb es mich auf meine vertraute Bühne. Am 1. Dezember, Erich Honeckers Nachfolger, das ewig lachende Gebiß, war noch an der Macht, sang ich in Leipzig meine neuen und alten Lieder und tummelte mich unter hochgestimmten Freunden und verbiesterten Feinden. Viel ranziger Haß, viel alte Liebe.

Mir war weder in der Begeisterung noch im folgenden Katzenjammer zum Reimen zumute. Der Geschichtsprozeß schrieb selbst sein Lied und brauchte erstmal keine Verse. Das Volk selbst hatte die Verhältnisse zum Tanzen gebracht. Also versuchte ich mich an einigen ungereimten Versuchen, Essays, die in diesem Buch versammelt sind.

Dem Meister Brecht bin ich dahinter gekommen. Das Geheimnis seiner Dichtkunst liegt im prosaischen Ton. Brechts Beispiel hat bei den stärkeren Talenten Schule gemacht, wir schreiben heute seine Sprache, als wäre sie schon Volkssprache geworden. Zumindest in Deutschland strebt der nachgeborene Gedichteschreiber keine verquast poetische Poesie an. Ohne Furcht vor den Niederungen der banalen Wirklichkeit soll ein Gedicht nach unserem Geschmack nebenbei auch noch die Höhe großer Prosa erreichen.

Diese Methode verkehrt sich aber spiegelbildlich bei dem Versuch, in nichtgebundener Sprache zu schreiben. Nun will ich grad die Dichte des Gedichts und tendiere zum Poetischen. So haben auch meine ungebundenen Wortbündel über Deutschland ihre Melodie, ich habe sie gepfiffen, geblasen und getrommelt: Geschichten und Geschichte aus dem Jahr der deutschen Wiedervereinigung. Erhellende Episoden, giftige Attacken, justitiable Invektiven, freundschaftliche Hingerissenheiten und fundierte Verdächtigungen, ökonomische Analysen, haltlose Begeisterung, literarische Ohrfeigen und fröhliche Fußtritte, echte Schmeicheleien und falsche Liebeserklärungen.

Leserinnen und Leser sollen wissen, daß ich vor einem Jahr

mein erstes Prosa-Buch mit dem Titel »Klartexte im Getüm-mel« veröffentlichte. Das sind sehr verschiedene kleinere und größere Versuche aus den 15 lehrreichen Jahren zwischen meiner Ausbürgerung und dem Fall der Mauer. Ich schrieb dort über den »Sturz des Dädalus«, über die Bergarbeiterfrau Domitila aus Bolivien und über mein erstes Konzert im Knast für den Häftling Dagobert Biermann im Winter 1942.

Den Schluß dieser Sammlung bildet logischerweise mein erster Versuch über die Revolution in der DDR. Aber genau mit diesem Essay über den Aufstand der gelernten Untertanen, über die Revolution ohne Revolutionäre, über den Tod des Kommunismus, über die längst fällige Beerdigung des Riesenkadaverleins muß ich dieses neue Buch beginnen. Mit all diesen Texten warf ich mich gleich ins Getümmel: sie wurden in der ZEIT öffentlich gemacht.

Der Verleger warnte mich vor dem Argusauge der Rezensenten, die dem Publikum verraten werden, daß wir den ersten unserer fünf Fische nun ein zweites mal verkaufen . . . Aber ohne diesen ersten Text wäre das neue Buch ohne seinen natürlichen Anfang. Ich will ja mein ganzes Bild von diesem großen Jahr der Deutschen vorzeigen. Und ich muß eine Wahrheit gestehn. Erst ganz zum Schluß dieses Dramas ging mir die Pointe des Stückes auf: Die Wirtschaft! Das Ökonomische!

Nach dem Geschrei über den stinkenden Stasi-Schaum und über Wellen, die der Geist geistloser Zeiten schlägt, schrieb ich einen Essay über die tiefere Strömung im neuen Deutschland: Über das Geld und andere Herzensdinge.

Karl Marx ist überholt, aber überholt ist auch Isaak Newton. Trotzdem fallen die Äpfel noch immer nach unten. Und Freiheit ohne genügend Fraß ist nur ein schönes trauriges Wort.

Die Marktwirtschaft kommt nun über die fünf neuen Bundesländer wie schwere Malaria, mit der man früher die Syphilis austrieb. Die Raubzüge der Ritter von der schnellen Mark im wilden Osten sind mindestens so interessant wie die Schlammschlacht der Intellektuellen, die einander jetzt die verjährten Gesinnungslumpereien im ungleichen Spiel mit den Mächtigen öffentlich vorwerfen. Mehr noch als um Menschenrechte und Meinungsfreiheit geht es um wirtschaftliche Macht und um effektivere Spielregeln der Ausbeutung.

Als böses Willkommen im Westen rieb mir vor Jahren ein Dilettant aus Bielefeld zwei säuerliche Zeilen unter die Nase:

Biermann singt gern vom Klassenkampf
Wenn er für volle Kassen klampft...

Damals ärgerte ich mich über solche schüttelgereimte Niedertracht eines Sonntagsreimers, der womöglich weder Geld noch Gedichte machen kann. Immerhin hatte ja grade ich in der DDR gar keine klassenkrämpferischen Lieder gegen den Kapitalismus der westdeutschen Klassenfeinde geschrieben, wie die SED-Bonzen sie haben wollten.

Ich hatte Spottlieder gegen die Spitzel gesungen, rotzige Songs gegen die Phrase vom Volkseigenen Betrieb, Pasquille gegen die Heuchelei der Funktionäre, lebenstrotzige Oden über meine schöne Dicke in den Fichten und eine Ballade über Franz Villon, der auf dem blutigen Stacheldraht der Mauer die große Harfe spielt und dabei von Schüssen durchsiebt wird. Außerdem lebte ich zwölf lange Jahre verboten, verleumdet und verfolgt, und ich verdiente in der DDR keinen Pfennig. Nicht mal als Hilfsarbeiter im VEB Elektroapparatewerke Treptow durfte ich arbeiten, weil die Obrigkeit Angst hatte, daß ich die Kollegen aufhetze.

Heute sehe ich mehr Wahrheit durch diesen albernen Schüttelreim schimmern. Man muß ihn nur richtig mißverstehn. Denn die stalinistische Bürokratie war eben doch eine vollausgereifte Klasse im Sinne des Marxismus, eine Ausbeuterklasse modernerer Machart mit feudalistischen Manieren. Insofern sang ich eben doch in all den Jahren in der Chausseestraße 131 Lieder vom Klassenkampf – gegen die rotgetünchten Bonzen. Und unter uns: meine Kassen blieben ja auch nicht leer. Für jedes Lied, das der Klassenfeind im Westen als Platte oder Radiosendung oder im TV verbreitete, kassierte ich im Osten meine Tantiemen als Textautor und Komponist.

Allerdings kam ich an mein Geld auf eine delikat indirekte Weise, die ein pikantes Detail im großen Sittenbild der DDR liefert: Die Anstalt zur Wahrung der Aufführungsrechte (AWA), das war die Urheberrechtsgesellschaft der DDR, kassierte bis zu meiner Ausbürgerung sämtliche Tantiemen, die in der Bundesrepublik von der GEMA für meine Lieder eingesammelt wurden. Mir wurde dann nach Abzug von 20 % Bearbeitungsgebühr der Betrag zum offiziellen Kurs von 1 : 1 in Ost-Mark überwiesen. So hatten wir alle was davon: Der Staat kassierte Devisen für die Lieder, die er verboten hatte und für deren Verbreitung er seine aufsässigen Landeskinder ins Gefängnis sperrte. Ich besitze einen Brief der AWA, in dem ich höflich gebeten werde, schnellstmöglich die »Stasi-Ballade« ordentlich anzumelden.

Die AWA überwies mir jeden Februar das Geld vom Vorjahr, eine Summe, die sich von jährlich 4 Tausend Ostmark auf über 20 Tausend steigerte. Und da ein subventioniertes Drei-Pfund-Brot 50 Pfennige kostete und meine Drei-Zimmer-Wohnung knapp über 90 Mark und ein Zentner Briketts nur Groschen, konnte ich sehr gut leben. Noch schöner: Ein Teil des Geldes wurde mir sogar als Valuta-Scheck ausgezahlt, mit dem ich im Intershop Kaffee und Schokolade für mich, Chanel No. 5 für meine Flamme und Courvoisier für meinen Freund Robert Havemann kaufen konnte. Da es nicht meine Schande war, prangerte ich diese Perversion immer auch und in aller Öffentlichkeit an. Geld, Geld, Geld –

ein ungehöriges Thema. Zum erstenmal habe ich in diesem Buch darüber in aller Peinlichkeit nachgedacht.

Mehr politische Freiheit und zugleich mehr soziale Gerechtigkeit, das ist die unsterbliche Forderung nach der Quadratur des Kreises in der menschlichen Gesellschaft. Dem Kapitalismus ist nun der vertraute Todfeind weggestorben. Die kommunistische Alternative ist gescheitert. Aber das ist noch lange kein historischer Sieg für die Schweinepriester der kapitalistischen Profitmaximierung. Die Forderung nach der sozialen Quadratur des Freiheitskreises tritt dem Kapitalverwertungsprinzip nun immanent gegenüber. Was ihn nicht mehr von außen bedrohen kann, wird ihn nun von innen attackieren. Das wird andere und tiefere Auswirkungen haben, als uns schwant.

Unsere Tage auf der Erde sind gezählt. Aber mein Wunschdenken übertölpelt jeden klaren Gedanken an die offenbar unvermeidbare Selbstvernichtung der Gattung Mensch. Und weil ich zudem ein Deutscher bin, muß ich ausgerechnet auf uns Deutsche hoffen. Vielleicht gehören all diese übertüchtigen Leute zwischen Oder und Rhein ja doch zu denen, die die Welt heile machen, nachdem sie so viel zerstört haben in zwei großen Kriegen und mit all ihrer Heilhitlerei.

Was hier abgedruckt ist, entspricht nicht in jedem Fall meinen Artikeln in der ZEIT, sondern den damals gelieferten Manuskripten, die das 2-Seiten-Limit der Zeitung sprengten. Die fünf Prosatexte, in einem schmalen Buch gebündelt, mögen brauchbar sein auch in Ländern, deren Selbstinteresse ein Interesse an den Deutschen verlangt. Nebenbei könnten diese Versuche eine Orientierungshilfe für Menschen sein, die ganz andere Träume haben als dieser

Wolf Biermann

Duftmarke setzen

(2. März 1990)

Revolution in der DDR. Ich hatte mich schon müde gehofft und wurde genauso überrascht wie meine treuen alten Feinde, die verdorbenen Greise im Politbüro. Die Geschichte läßt uns nun, die Kontrahenten von gestern, links liegen und schwenkt erst mal scharf nach rechts.

Ärgert euch schwarz, freut euch rot oder wundert euch gelb, hofft euch grün und blau, gröhlt Deutschland einig Vaterland und schwenkt die schwarzrotgoldenen Fahnen, holt euch Kirschen im Winter aus Neuseeland – ich nicht. Ich schlucke keinen Löffel mehr von dieser ranzigen Hoffnung. Ich zittere nicht mehr um dieses zerrissene Land.

Deutschland ist keine Menschheits-Tragödie. Der Riß schließt sich, andere Risse klaffen nun tiefer. Die Deutschen werden sich bald aufrappeln und finden. 5 Milliarden Menschen vegetieren auf dieser Erde, und wir gehörten alle schon immer zu den 500 Millionen, die im Wohlstand leben. In diesen Tagen befindet sich die DDR im freien Fall. »Bundesland Sachsen grüßt unseren Bundeskanzler Helmut Kohl« stand auf einem Spruchband in Dresden. Die Sachsen und Mecklenburger, die Thüringer und Brandenburger fallen beschleunigt auf den Boden des Grundgesetzes der Bundesrepublik Deutschland. Der Westen verhandelt nüchtern um die Modalitäten des Aufpralls. Und wenn das Buch mit diesem Text erscheint, ist die DDR vielleicht schon liquidiert.

So kopflos, wie die Deutschen ins Tausendjährige Reich rannten, so besoffen marschierten sie dann in den Krieg, so taumelten sie später auseinander und rammelten blindwütig gegeneinander. Nun zog Gorbatschow den Eisernen Vorhang hoch, und nun fallen die verfeindeten Brüder und Schwestern liebeswütig übereinander her. Und wir, die Linken in Ost und West, stehen blöde lächelnd daneben.

Gewiß hatte es unter Ulbricht und Honecker immer auch Rebellen gegeben, vereinzelte Aufrührer, Selbsthelfer, Querulanten und stilltapfere Verweigerer. Und einige steckten dem Volk in dieser endlosen Nacht sogar ein Licht auf: Pastor Brüsewitz verbrannte sich auf dem Marktplatz. Robert Havemann ermunterte mit dem aufreizenden Beispiel seiner Furchtlosigkeit die Verzagten. Und meine verbotenen Lieder geisterten als kopierte Tonbandkopien wie Glühwürmchen durchs Dunkel.

Der innersozialistische Konflikt ist Schnee vom vergangenen Jahr. Es ist aus mit dem eigenen Weg der DDR. Es gibt nur zwei Minderheiten, die noch an einem sozialistischen Versuch interessiert sind: die Machthaber von gestern und ihre bevorzugten Opfer von gestern: linke Christen und radikale Linke. Die oppositionelle Minderheit der dunklen Jahre ist schon längst wieder in die Minderheit geraten.

Seit nun im Osten die Sonne aufging, reibt sich das Volk den Schlaf aus den Augen. Die schweigende Mehrheit hat endlich das Sagen. Wer 40 Jahre lang alles schluckte, spuckt jetzt endlich mal große Töne. Brave Bürger, die zur sogenannten Wahl gingen wie Kälber am Strick, brüllen jetzt wie die Löwen. Duckmäuser, die ihr Leben lang mit gutem Grund schwiegen, skandieren jetzt *Helmut! Helmut!* Am Tag des Kanzlerbesuches in Dresden ging ein Häuflein mit diesem Spruch auf die Straße:

»Vom Stalinismus gleich in den Kapitalismus – ohne mich!«

Sie wurden von etwa dreitausend Bürgern beschimpft, bespuckt und durch die Straßen geprügelt. Das Schild hielt mein alter Freund Bernhard T., ein Arbeiter, jahrelang bespitzelt und terrorisiert, eingesperrt im Dresdner Stasiknast Bautzener Straße, weil er zur linken Opposition gehört.

Ausgerechnet der wurde von einer Deutschland-Deutschland-Meute jetzt als »Rote-Stasi-Sau« und mit »Rote raus!« begeifert. Eine Klapsmühle.

Die gestern noch nach der Partei-Pfeife tanzten, pfeifen jeden nieder, der in Leipzig auf dem Platz gegen die gesamtdeutsche Fallsucht auch nur Bedenken anmeldet. Die übergeduldigen Opfer des totalitären Regimes fordern jetzt den totalen und sofortigen Anschluß an die Bundesrepublik.

Nach Rache schreien die, die sich nie wehrten. Wer nie das Maul aufmachte, redet jetzt mit Schaum vor dem Mund. Der Haß auf die Stasi sitzt tiefer als die Liebe zur Freiheit, er ist ja auch solide gewachsen.

Ich kenne genug Menschenkinder, die im Stasiknast saßen und gefoltert wurden. Solche reden mit Abscheu von der Stasi, mit Bitterkeit, mit Verachtung und mit traurigem Spott, sie reden fast wie erschöpfte Therapeuten. Lynchwütigen Haß gegen diese verhaßte Firma fand ich bei denen, die nie aufgemuckt hatten.

Es ist die Scham über die eigene Schwäche, das Entsetzen über die eigene Feigheit, Wut über die eigene Mordsgeduld mit diesen Mördern. Wie oft hatten sich solche Schreihälse auf die Zunge gebissen, wenn es galt zu protestieren, wie oft hatten sie in Versammlungen geschwiegen oder sogar gegen schuldlose Menschen gegeifert, wie oft haben sie sich abgewandt, wo sie hätten helfen können. Wie viele Liebende haben einander im Stich gelassen, wie viele Freunde haben einander verraten. In 40 Jahren kommt allerhand alltägliche Schäbigkeit zusammen. Der nicht zu Ende erzählte Witz über Ulbricht, weil sich ein Fremder an den Tisch setzte. Bemacht haben sich fast alle und sei es durch kleine Zuträgereien, die schon an Denunziation grenzten, und oft um nur kleiner Vorteile willen.

Dieses flächendeckende Spitzelsystem funktionierte nicht ohne die gelegentliche Mitmacherei der Bespitzelten. Haß auf die Stasi, das ist der uneingestandene Haß auf den kleinen Stasi in der eigenen Brust, es ist der Selbsthaß in all seinen Verrenkungen, es ist die verdrängte Scham des gelernten Untertanen über seine selbstverschuldete Unmündigkeit. Die Menschen sind von innen mindestens so kaputt wie die Häuser.

Gut, das sind die Untertanen. Aber die Obertanen sehen nicht besser aus. Mich wundert diese plötzliche Wunderei, das kindische Entsetzen in der DDR über Verschwendung und Luxusleben der alten Obrigkeit. Teuer an Willi Stoph und Harry Tisch waren nicht die zehn gehorteten Videorecorder in der Tiefkühltruhe. Ich hätte keine Lust, im Nachtschrank von Margot Honecker herumzuschnüffeln und einen Packen westlicher Lockenwickler und zehn Flaschen Very Old Scotch Whisky sicherzustellen. Daß die spät aufgewachten Landeskinder drüben nun Ach! und Oh! schreien, mag noch hingehen. Aber die ausgebufften Mediengangster im Westen sollten doch wissen, was wirklicher Luxus in dieser Welt ist.

Der »Spiegel« entblödete sich nicht, eine Schweizer Juwelierrechnung vorzuzeigen über (ich weiß nicht mehr genau) an die neuntausend Mark oder Fränkli, egal, bezahlt für einen ganzen Set von Schmuckstücken, Armband, Halsband, Ring, Brosche und Ohrringe ... alles für Margots welken Hals. Das muß ja ein hübsches billiges Blech sein, für so wenig Geld! Das schenkt ja hier im Westen jeder beliebige Zahnarzt seiner verbitterten Ehefrau, damit sie ihm die Geliebte im Haus auf Mallorca nicht vorrechnet.

Und der alte Honecker soll doch tatsächlich einen Swimmingpool von 10 mal 17 Metern gehabt haben, da lachen ja die Hühner! Jeder zweite Apotheker in Altona, jeder dritte Kaufmann in Hamburg lebt luxuriöser. Sie predigten öffentlich Wasser und tranken heimlich Wein? Das ist zu spät und schlecht bei Heinrich Heine abgeschrieben. Ich finde viel schlimmer, wenn die Herrschenden öffentlich Wein predigen und heimlich Blut saufen.

Wenn ich Marx nur richtig mißverstehe, dann komme ich auf ein modifiziertes politökonomisches Grundgesetz in der Geschichte: In jeder Gesellschaft kommt es darauf an, den geschaffenen Reichtum so ungerecht wie nur möglich zu verteilen, ohne daß es Ärger gibt. So wird es auch in Zukunft sein. Allerdings – dieses sensible Level herauszufinden, ist heikel, denn die Duldsamkeit der Ausgebeuteten ist eine variable Größe.

Aber an diesem korrigierbaren Fehler sind die Stalinisten nicht gescheitert. Verheerend waren nicht die sozialen Ungerechtigkeiten, sondern etwas anderes: Das Bonzen-System führte dazu, daß überhaupt kein Reichtum mehr geschaffen wurde, den man dann schön ungerecht verteilen kann. So war denn auch der Luxus, den sich die oberen Feudalsozialisten aus der allgemeinen Armut herausrissen, selber ärmlich und spießig. Dieser ärmliche Reichtum ist ein Indiz für ihr Versagen sogar als Ausbeuterklasse. Die Bonzen hatten Luxusjachten? Und gingen auf die Jagd? Und wuschen in Wandlitz mit OMO? Und schoben ihrer Brut Privilegien zu? Ein Wochenendhäuschen für die verwöhnte Tochter? Ein schickes Auto für den dummen Sohn? Es ist banal und zum Lachen. Das machen die Reichen und Mächtigen im Westen auch, nur ein paar Nummern größer, stilvoll und ohne schlechtes Gewissen. Sie hatten auch mehr Zeit, eine Herrschaftskultur zu entfalten, sie sind nicht so neureich und neumächtig.

Sozialismus ist kein Ziel mehr. Die Leute wollen auch nichts mehr hören von einem Sozialismus mit menschlichem Antlitz. Mit dieser Tautologie hatte Dubček unsere Gemüter 1968 entflammt. Das ist nun auch passé. Das großangelegte Tierexperiment an lebendigen Menschen ist beendet.

Ja, schade, aber auch ein Glück. Sogar der ordinärste Anschluß an die Bundesrepublik ist immer noch besser als alles, was vorher war. Ich hatte freilich andres im Sinn. Aber es ist ja auch nicht die Aufgabe der Weltgeschichte, den kleinen Biermann zu beglücken. Ich wollte das offenbar Unmögliche: ein deutsches Land, das nicht nur seine kurzsichtigen Bedürfnisse befriedigt, sondern mit all seiner bewiesenen Schöpferkraft einen Weg sucht, der die friedliche Selbstvernichtung der menschlichen Gattung umgeht.

So aber, wie die Dinge liegen und sich entwickeln, kann mein Vergnügen nur negativ sein. Ich gönne meinen alten Feinden diese Niederlage, ich wünsche den Stasiverbrechern eine harte Zeit. Ich frohlocke ohne einen Hauch von Mitleid, wenn ich an den dummen Mielke denke und an den dreisten Markus Wolf, an den verblödeten Hager und den verlogenen Hermann Kant. Ich wünsche dem früh umerzogenen Nazi Günter Mittag und seinem gefürchteten Kombinationsdirektor Wolfgang Biermann von Zeiss-Jena das Allerschlechteste.

Aber was wird mit dem Volk, das sich nun in sächsischer Mundart als kollektiver Dichter versuchte und dabei diese eine wirklich originelle Zeile raushaute: Wir sind das Volk! Ja, auch die nachfolgende Variation muß mir noch gefallen: Wir sind *ein* Volk! Deutschland Deutschland schrien die Leute in Erfurt auf dem Domplatz zu meiner Begrüßung. Ja, wir sind ein Volk und wollen es auch sein. Aber was für eins – diese Frage brennt nun lichterloh.

In meiner neuen »Ballade von Jan Gat unterm Himmel in Rotterdam« heißt es:

> *Bloß machen zwei halbe Schweine noch*
> *Kein ganzes Vaterland.*

Ich erlebe die Wiedervereinigung wie ein brutales Rührstück, eine geklotzte Liebesheirat. Der Wohlstands-Michel, ein häßlicher Beau, heiratet sein elendes verprügeltes Cousinchen aus dem Armenhaus.

Aber hoppla, das haut doch nicht hin! Das arme Ost-Mädchen ist doch gar nicht so arm. Innerhalb des sozialistischen Lagers war die DDR bis grade eben noch das Wohlstands-Paradies. Und im übrigen gehört die DDR zum kleinen feinen Club der Superreichen, und zwar in einer Welt, die hungert und durstet. Wer nun mit dem Trabi ins Mercedes-Land flüchtet, rettet sich vom vielleicht achtreichsten ins drittreichste Land der Erde.

Honecker und seine Heuchler logen also frech mit der halben Wahrheit: die DDR, ein blühendes Land. Aber Kanzler Kohl und seine Wiedervereinigungshaie lügen noch frecher mit der anderen Hälfte: die DDR, ein wertloser Schrotthaufen, der ohne den sofortigen Anschluß an die Bundesrepublik nicht zu retten sei. Und die Tschechoslowakei? Die ist doch noch viel kaputter als die DDR! Also auch anschließen? Ungarn geht munter am Stock, Polen ist das betende Elend, und die Sowjetunion nagt an Hammer und Sichel. Sind die auch alle nur zu retten, wenn sie schnellstens von Helmut Kohl adoptiert werden? Von Äthiopien aus gesehn ist das alles zynischer Kikifax.

Bis ans Ende dieses wunderbaren Jahres '89 reichte meine politische Phantasie grad noch: die Bonzen verjagen, ja! Die Stasi entmachten, aber ja! Die Mauer muß weg, na klar! Sogar eine Revolution ohne Blut und ohne altmodische Barrikaden konnte ich mir vorstellen. All das war längst gesagt und wurde jahrelang herbeigesungen. Nun hat die Wirklichkeit unseren Traum ausgebrütet. Aber aus den Eierschalen kriechen andere Tiere, als ich mir träumen ließ – mehr Krokodile als Nachtigallen.

Die Wirklichkeit erwies sich mal wieder als phantasievoller als jedes Gedicht. Die kessen Pasquille aus dem politischen Tagesstreit, meine fröhlichen Gift- und Gallelieder im Getümmel, all die Verse, gemacht aus Spott und Schmerz, sinken nun aus der Zeitgeschichte ab in die Literaturgeschichte. Die Ballade vom Arbeiterdichter Max Kunkel vom VEB Chemie-Leuna war im November noch ein Schrei. Nun, nach zwei Monaten, ist sie ein Spickzettel des Geschichtsbewußtseins gegen das allzu flotte Vergessen. Wer war Hans Modrow, ja und wer waren Honecker und Ulbricht, Axen und Schnitzler, und was war eigentlich so was wie »Die Stasi«?

Mag sein, daß ich einmal, wenn alles erreicht ist
Erreicht habe nichts – als ein' Anfang von vorn.

Mit diesem Lied fing ich an in Leipzig. Und so sollte es jetzt mit der DDR sein, ein wirklich neuer Anfang. Aber der Anfang von vorn erweist sich inzwischen als Anschluß von hinten.
Immerhin für mich selbst gilt es. Ich fange von vorn an. Nun muß ich endlich nichts mehr besser wissen. Nun bin ich nicht mehr im Besitze der oppositionellen Wahrheit, nun habe ich endlich nicht mehr recht. Das alte Stück ist aus. Die vertrauten Bösewichte und ihre Widersacher gehen gemeinsam von der Bühne, und das neue Stück schreibt sich erst.
Ja, mich hat diese Revolution aus der immer gleichen Rolle befreit. Der Rufer in der Wüste darf wieder leise sprechen, darf sogar stottern und schweigen. Ich mache nun den geistigen Kassensturz und zähle die letzten Groschen und Pfennige der kommunistischen Utopie zusammen. Münzen ohne Wert, ein bißchen Schummelgeld ist mir geblieben.
Trotz alledem, wen wundert's, bin ich immer noch meiner Meinung. Ich kann den Traum von einer gerechteren Gesellschaft in mir nicht auslöschen. Dieser Traum ist älter als alles, was sich Kommunismus nannte. Er ist so alt wie die Menschheit und wurde immer wieder getötet, weil er halt immer wieder auferstand.

Bei der Suche nach Zukunft peile ich, wie andre auch, in all meiner Unsicherheit Modelle der Vergangenheit an. In meiner Ratlosigkeit grapschte ich mir aus der historischen Mottenkiste die Communarden raus, das niedergemetzelte tapfere Volk von Paris im Jahre 1871. Das passierte mir ohne Absicht und kann doch kein Zufall sein: Dreimal in den neuesten Liedern verwendete ich dieses alte Hoffnungswort. Wie ein Kind im Dunkeln singe ich über die Commune de Paris und ihre radikale Demokratie. Vielleicht ist der Friedhof Père Lachaise das letzte Terrain geworden, vielleicht hat meine Utopie nur noch dort festen Boden unter den Füßen, wo er mit dem Blut der Communarden getränkt ist? Und vielleicht ist ein Schornstein des Krematoriums in Auschwitz der einzige, über den ein Barbar wie ich noch ein Gedicht schreiben kann.

Ich wäre so gerne auch mal in der Mehrheit gewesen. In seltenen historischen Konstellationen mag es solch ein bemessenes Affenglück auch geben. Vaclav Havel genießt es dieser Tage. Als ich am 1. Dezember nach 25 Jahren DDR-Verbot und nach 13 Jahren Westen zum Konzert in Leipzig fuhr, stieg mir der Duft eines dermaßen flüchtigen Glücks in die Nase. Ich genoß ein klammes Hochgefühl.

Dabei war ich hochschwanger. Meine Frau und ich wußten es schon aus dem Ultraschall, es sollte wieder mal nur ein Junge werden. Das Kind sollte am Tag des Konzerts kommen, aber meine Schöne mit dem Kugelbauch blieb stur. Mit allerliebster Unvernunft bestand sie darauf, dabei zu sein, wenn ich nach so langer Zeit wieder bei meinen Leuten singe. Wir hatten uns auch schon den allerschönsten Namen ausgeguckt. Aber wo sollte uns dieser David geboren werden?

An diesem 1. Dezember fuhren wir rüber nach Ostberlin. Adlershof, links einordnen und rechts rüber, Kreuzung Adlergestell. Die Autobahn um Berlin rum war wie ein Knüppeldamm, und jedes Schlagloch schüttelte in mir Erinnerungen hoch. Rangsdorf: Ronald Paris, der Maler. Rechts ab ging's früher nach Wilhelmshorst zum Dichter Peter Huchel. Die alten Bilder stiegen hoch. Huchel ist tot. Und Ronaldo Ronaldini mit dem Parteipinsel – wie der jetzt wohl wendehälselt und seine elende Karriere übertüncht.

Vorbei an der berüchtigten Stasi-Autobahn-Raststätte Michendorf. Dann links runter Richtung Leipzig nach Süden bis zur altvertrauten Reklame am teutschen Turm: Plaste und Elaste aus Schkopau. Das ist kurz vor Dessau, die verrottete ewig einspurige Elbebrücke, an der immer noch klein klein repariert wird. (Kennste den? Warum sind in der DDR die Autobahnen so kaputt? – Weil Hitler und seine verfluchten Nazis seit' 45 nix mehr dran gemacht haben . . .)

Also war ich darauf gefaßt, daß unser Kindchen in Leipzig zur Welt kommt, auch gut, in der berühmten verfallenden Heldenstadt. In Höhe Halle-Bitterfeld Tanken, Aussteigen, die Beine vertreten. Smogalarm. Menschen wie Ratten in einem chemischen Großversuch. Eine Glocke aus Eisnebel hielt den ätzenden Smog vom VEB Leuna fest am Boden. Am Anfang schuf Gott Himmel und Erden. Und die Erde war wüst und leer. Und es war finster auf der Tiefe . . . Aber am Ende schuf der Mensch das Chemiekombinat Halle-Bitterfeld. Und die Erde war verwüstet und voll Gestank, die Menschen husteten sich die Seele aus dem Hals, und es war düster im Kommunismus.

Wir erreichten dann Leipzig und fanden mit Mühe in der Dunkelheit die Messehalle 2. Eine riesige Betonkiste, minus 5 Grad Celsius, keine Heizung, kein Stuhl, keine Bank, kein garnichts. An der Querseite eine Art Bühnenpodest mit links und rechts je einem Lautsprecherkasten. Beim Soundcheck graute mir vor dem Konzert. Der Hall in dieser Halle war endlos. Jede Kirche ist dagegen ein furztrockener Raum. Ich hab es nachgemessen, 6 Sekunden lang sauste jeder Ton wie eine Billardkugel gegen die Beton-Bande. Jedes Wort schlug das vorige tot, jeder Ton überlagerte seine Vorgänger. Und ich wußte, das wird nicht besser, wenn erst das Publikum drinne ist. Mir war zum Weinen vor Selbstmitleid, es war schon zum Lachen.

Die Massen strömten und füllten den Riesenraum. Voll voll voll. Fünftausend mit bezahlter Karte, dreitausend reingemogelt. Über mir die Lichtanlage, ausgeliehen von einer Rockband, eine Art Grill. Die Leute standen in Mänteln und Mützen, und ich schwitzte im Hemd.

Das Konzert war herzzerreißend schön, sentimental und aggressiv und bitter und lustig – für mich das Pendant zum Kölner Konzert am 13. November 76. Die Leipziger gaben meinem Affen Zucker und ich ihrem. Ja, es war das, was man einen Triumph nennt, wenn man keinen Schimmer davon hat, was dafür bezahlt worden war. Alte Lieder, neue Lieder. Krenz war grad noch an der Macht. Die Ballade von den verdorbenen Greisen wurde zerklatscht und zerlacht: Jubel über jeden guten Hieb gegen die verhaßten Schweinehunde.

Aber der Raum leerte sich in diesen 3½ Stunden. Ich sang die Halle leer, ohne daß ein einziger Mensch wegging. Ein Wunder! Wie in einem physikalischen Versuch mit chladnischen Klangfiguren drängten sich die Leute, immer den Ohren nach, an die Stellen, wo der Sound nicht ganz so ausgekotzt war. Die Menschen schoben sich immer enger aneinander, wie verfrorene Schafe auf freiem Feld. Und der Wolf heulte in die eisige Winternacht.

Ich hätte einfach proficool für die Massen in Ost und West singen sollen, die zu Haus bequem am Fernseher saßen und von diesem infernalischen Hall nichts hörten. Aber das konnte ich nicht. Ich machte die Erfahrung, daß ein paar Tausend frierende Menschlein viel mehr Gewalt haben als ein paar anonyme Millionen, die an der Glotze in ihren warmen Stuben zuschaun. Also sang ich für die da vor mir in der Tiefkühltruhe. Ich sang miserabel: grob, laut und penetrant überartikuliert. Ich brüllte mich heiser. Und ich spielte nicht, ich drosch die arme Gitarre, meine kleine Weißgerber, die sonst so schön leicht von selber spielt, wenn sie gegen meinen Gesang ihren eigenwilligen kontrapunktischen Weg geht. Nun aber trottete die Gitarre hinter mir her, es war ein Trauerspiel. Ich merkte den Mangel, und das verschlimmerte ihn noch. Ich drückte auf die Tube und wollte es zwingen. Wer will sich schon blamieren, nach so langer Zeit.

Verfluchtes Konzert in Leipzig! Ich hatte eine Stinkwut auf den Genossen Zufall, der mich in diese elende Halle getrieben hatte. Gewiß, die Freunde trösteten mich und sagten alles, was der eitle Künstler nach dem Konzert gern hört. Aber ich empfand die Widrigkeiten übertrieben groß, so riesig wie ein Loch im Backenzahn, das der Zunge wie ein Krater vorkommt.

Am nächsten Abend beteiligte ich mich als Zwerg Nummer 7 an einer Singerei im Ostberliner Haus der Jungen Talente, auch gut und sollte sein. Bettina Wegner und Stephan Krawczyk und Gerulf Pannach und einige DDR-Liedermacher, wiedervereinigt auf einer Bühne, eine kleine verklemmte deutschdeutsche Liedervereinigung. Ach, und Eva-Maria Hagen, die irdische Mutter der göttlichen Nina. Das war überhaupt das Beste. Eva sang die »Ballade vom wiederholten Abtreiben« und das Lied: »Ich bleib immer die ausm Osten« – da klappten die Ossies ihre Ohren hoch, da ging uns allen das Herz auf, und jeder konnte selbst hören, wo Gott wohnt.

Am 3. Dezember hatte ich einen freien Tag und fuhr mit meiner Frau nochmal über den Grenzpunkt Invalidenstraße nach drüben. Nur so, nur rumfahren, glotzen, vergleichen, sich erinnern.

Ein Hauptmann der Staatssicherheit schob unsere Papiere

durch den Schlitz in den Kontrollcontainer, und es dauerte. Halb mit Spott sagte ich:

Nun, was soll aus Ihnen werden, wenn das so weitergeht?

Der Mann redete wie ein Kind:

Herr Biermann, die haben uns ja soo betrogen . . . ja . . . acht Jahre meines Lebens habe ich geopfert dafür . . .

Ich fragte: Was haben Sie denn früher gearbeitet?

– Autoschlosser.

– Na dann . . .

– Ja aber als Schlosser –

– Sie werden mehr arbeiten müssen und weniger verdienen.

– Hätten wir bloß früher auf Sie gehört . . . (Da hätt ich ihm gern die Fresse poliert.)

Und so winselte er weiter: Wissen Sie, die haben uns früher immer gesagt: der Biermann ist ein Verbrecher. Und soll ich Ihnen mal was sagen? Er druckste lange und dachte tief und gebar unter Schmerzen endlich die abgrundtiefe Einsicht: Die waren selber Verbrecher!

– Nein! lachte ich.

– Doch! sagte er todernst.

Da wußte ich, daß ich einen der Täter vor mir hatte, die sich nun als Opfer sehn. Und das Vertrackte: Sie sind es ja auch. Aber eben nur halb.

Der Tag ging schnell hin, am frühen Abend war es schon stockdunkel. Unter den Linden, die Schinkel-Wache, Marx-Engels-Platz, Weihnachtsmarkt neben dem Alex, dann Wilhelm-Pieck-Straße, Oranienburger, an der Synagoge vorbei, Friedrichstraße, Ecke Chausseestraße 131, meine alte Wohnung. Die Fenster vorne raus dunkel. Ich lenkte wie automatisch den Wagen vor meine Tür an der stumpfen Ecke Hannoversche. In der Glaskiste vor der bundesdeutschen Vertretung saß was Uniformiertes.

Meine Frau sagte: Du, das Kind drückt mir so auf die Blase. So führte ich sie in meinen alten Hausflur. Wir tappten durchs Dunkel zur Hinterhoftür. Hier kannst du. Und so hockte sie sich in den Hof. Ich wandte mich ab, und spannte hoch zu den Fenstern des Hinterhauses, peinlich peinlich. Das Piselgeräusch trieb mir plötzlich einen Druck in die Blase, und so drückte ich mich paar Schritte weiter und half mir an Ort und Stelle. Und in diesem Moment schoß es mir durch den Kopf: Duftmarke setzen! Ja, das isses: Mein Haus! Meine Wohnung! Der Hund kommt nach Hause und behauptet seins, er markiert sein altes Revier. Mich schüttelte ein Gelächter, und so pinkelte ich mir auf den Schuh.

Wir kriegten uns gar nicht wieder ein, es war so komisch. Die alten Ängste trieben das Gelächter ins Blödsinnige. Und so waren wir endlich in der übermütigen Stimmung, die wir brauchten: Komm mit rauf, jetzt klinkeln wir an meiner Tür! Schon wieder eine Lachsalve – klinkeln und pinkeln – klingeling, Herr Freud! Zwei Treppen hoch. Meine Tür, wie immer: in Augenhöhe ein handgroßes Türchen, spiegelverglast. Ein einziger Name an der Klingel: Seidel. Einmal, zweimal, nichts. Endlich öffnet sich das Türchen in der Tür: ein Mann, in meinem Alter. Guten Tag!

Er: Wer sind Sie?

Ich: Wolf Biermann . . . wissen Sie, der Liedersänger, ich wurde vor 13 Jahren aus der DDR . . .

– Ich kenn Sie nicht.

– Ich habe zwanzig Jahre lang in dieser Wohnung gelebt.

– Das weiß ich nicht.

– Ich wollt nur mal sehen, wie's inzwischen aussieht. Dürfen wir mal reinschaun?

– Das geht nicht.

– Wohnen Sie hier?

– Ja, wieso?

– . . . ganz allein in dieser großen Wohnung?

– Ja, wieso?

– Hier wohnten früher mit mir auch Martin Flörchinger,

28

der Brechtschauspieler, und Agnes Kraus, die Schauspiele-
rin, und ein Tänzer und noch eine Frau. Is das nich'n bißchen groß für Sie?
– Nein, wieso?
– Bei welcher Firma arbeiten Sie denn?
– Außenhandel.
– Schalk-Golodkowski?
Das wars. Klappe zu, Affe lebt. Stasi.
Wir stapften im trüben Minutenlicht wieder runter. Ich
dachte, wenn die Stasi aufgelöst wird, könnte ich da eigentlich ganz leicht wieder in meine alten Zimmer. Mit Kind
und Kegel aus Hamburg gelegentlich in die Zweitwohnung,
Chausseestraße 131. Kachelöfen, Briketts ausm Keller
hoch, die alten Nachbarn, die nette Verkäuferin im Obst-
und Gemüseladen, paar Freunde auch, M. mit seinen rege-
nerierten Wartburg-Kurbelwellen, der wunderbar verdrehte
Hussel, Geniebötcher, Kohlenotto, Doktor Tsouloukidse,
der liebe Schnupfenarzt, Ilja und Verutschka, die altgewor-
denen Judenkinder aus dem GULAG, und meine Weiden-
dammer Brücke mit dem Preußenadler nah bei, mein Hu-
genottenfriedhof mit Hegel und John Heartfield, das Grab
mit dem Kaisergeburtstagsdichter Johannes R. Becher, der
uns »Deutschland einig Vaterland«, diese vertrackte Zeile,
eingebrockt hat, das Brecht-Archiv um die Ecke und sehr
gut für mich: Hans Bunge, das lebende Brechtarchiv. Und
bloß paar Schritte zum Berliner Ensemble. Warum eigentlich nicht.
Inzwischen sind wir gut zwei Monate weiter. Keine Rede
mehr vom Rübermachen. Modrow schrumpft, Kohl bläht
sich. Wenn die DDR demnächst gefressen ist, bleib ich besser in meiner lieben Vaterstadt Hamburg. Die Sowjetunion
zerfleischt sich sowieso, das Riesenreich zerfällt in seine
Bestandteile. Zehn oder zwanzig neue Staaten werden ent-
stehen, solide miteinander verfeindet. Der Kommunismus

ist am Ende, nicht nur in der Wirklichkeit, nein wirklicher: auch im Traum.

Als ich 1953 in die DDR kam, in das mecklenburgische Städtchen Gadebusch, da fand ich den Kommunismus kerngesund und fast schon verwirklicht. Unser geliebter Stalin war gerade gestorben, vom 17. Juni merkte ich nichts in diesem Kaff. Mir ging es prima, weil ich nichts begriff.

Als ich aber ein paar Jahre im Arbeiter- und Bauernstaat gelebt hatte, merkte ich, daß der Kommunismus krankt. Ich schrieb Lieder und Gedichte, die ihn gesund machen sollten. Aber die Bonzen bedankten sich nicht für meine bittren Pillen.

Als ich endlich verboten war, als die Stasi mir den Hals zudrückte, da schrie und röchelte ich die Wahrheit aus, daß der Kommunismus nicht krank, sondern todkrank ist.

Dann kam die Ausbürgerung, die ich als Chance und Glück im ersten Schreck gar nicht begreifen wollte. Ich geriet nun zum erstenmal in die Welt, auch in Länder, die ärmer und freier sind als die DDR. Und ich begriff das Unglaubliche. Ärmer und reicher, egal, der Kommunismus ist gar nicht todkrank, er ist längst tot. Da helfen keine Tränen und keine Lebenslügen, keine Kapitalspritzen und keine melancholischen Lieder.

Der Leichnam liegt über dem Land und verpestet die Luft. Mir gefallen zwei Menschen unter denen, die sich jetzt in der DDR an der politischen Rampe zur Schau stellen: die Rivalen Bärbel Bohley und Gregor Gysi. Aber die Bohley hat zu wenig machtpolitischen Verstand im Herzen. Und der junge Advokat Gysi hat als Konkursverwalter viel zu viel Herz im Gehirn. Wenn er wenigstens auf seine schöne Frau hörte, dann würde er jetzt nicht mit seinem Kußmaul am Kadaver des Kommunismus die Mund-zu-Mund-Beatmung versuchen. Was gehts mich an.

Hebt die Grube aus! Nach den Mördern kommen die Totengräber. Soll ich etwa mit der Gitarre schaufeln? Gib her den Spaten. Laßt uns das Riesenkadaverlein endlich begraben. Selbst Christus mußte erst mal drei Tage unter die Erde, bevor ihm das Kunststück gelang: nebbich die Auferstehung.

Nichts ist wie es ist

(4. Mai 1990)

Deutsches Theater in echt. Und die Welt schaut zu. Das Stück hat keiner geschrieben und keiner inszeniert. Wir ahnen nur: es kommt aus einer dunklen Tradition. Es gibt keine neuen Textbücher. Komparsen werden zu Hauptdarstellern, Hauptdarsteller zu Kulissenschiebern. Was war das eigentlich? Und was wird? Wird auch das Seelengeld Eins zu Eins getauscht? Werden die Ossis Bundis? Wird Pfarrer Eppelmann Nato-General?

»Solch ein Gewimmel möcht ich sehn: Auf freiem Grund mit freiem Volke stehn...« Diese letzten Worte des Doktor Faustus stehn geschrieben über dem Portal am *Haus des Kindes* in der Ostberliner Stalinallee. Schöner Schwindel! Die Maurer, die den Bonzen der Partei dies Haus im Zukkerbäckerstil bauten, wurden am 17. Juni mit Panzern blutig wieder an die Arbeit getrieben.

Ach und vonwegen: freier Grund, freies Volk! Als Goethe seinem Faustus am Ende diese Vision in den Mund legte, war dies die Illusion eines erblindeten Greises. Denn die Schaufeln, die Faust da schippen hörte, legten ja gar keinen Sumpf trocken, der »am Gebirge hin« zieht. Es sind »in echt« die Lemuren, madegassische Halbaffen und Hilfsteufel, die da sein Grab graben. Und der Teufel Mephistopheles frohlockt schon mit seinem Schuldschein in der Tasche und pocht auf die Vollstreckung des Titels gegen den Partner im Seelengeschäft. Bitterböse Ironie. Aber die Abiturienten kauen bis heute Goethes Faust wie geschichtsoptimistische Gummibärchen.

Wir Deutschen. Was wollen wir? Was können wir? Und wo geht die Reise hin? Es deutscht mächtig in Deutschland.

Und das moderne Theater findet nicht auf den Brettern statt, die die Welt bedeuten, sondern im Fernseher, der die Welt ist.

Ich habe für unser neuestes Theaterstück einen pathetischen, einen sarkastischen und einen hegelschen Satz im Angebot: *So wie es ist, bleibt es nicht* – schrieb Brecht in revolutionären Zeiten. *So wie es bleibt, ist es nicht* – äffte Heiner Müller in den Zeiten der Stagnation den Brecht.
Nichts ist, wie es ist – schrieb Shakespeare, und darauf ist Verlaß. Mit diesen drei Zauberworten kommen wir durch die Welt. Also wat is Sache?

Die Bilder vom 9. November am Brandenburger Tor sind mir eingebrannt. Die Menschentrauben auf der Mauer, die Sektkorken, die Freudentränen. Soo ein Taag, so wunderschöön wie heutää... Politiker schwer rudernd im Volksgewimmel. Die winkenden Arme aus Trabi-Fenstern an den Grenzübergängen werden wir nicht vergessen.

Es war herzzerreißend schön, wie die Heimkinder aus dem Osten und die Wohlstandskinder aus dem Westen sich umarmten. Gut, nun ist uns das Herz schön zerrissen, das Land wird wieder eins. Aber wir kauen heute noch daran, daß mancher Jubel in der Geschichte die Ouvertüre für eine blutige Oper aus Heulen und Zähneklappern war.

Nichts gegen freie Wahlen! Hitler wurde von seinen Deutschen frei gewählt. Ja, und niemals hat das Volk in Österreich so gejubelt wie im März 1938 beim Anschluß. Nicht jeder Hornochse ist eine heilige Kuh. Auch eine Volksabstimmung ist kein Gottesurteil. Und wer macht wen kaputt? Nicht nur Tyrannen ruinieren ein Volk, es kann sich auch selbst ins Verderben stürzen. Nichts ist, wie es ist. Die Erscheinung ist nicht das Wesen, aber das Wesen kommt zur Erscheinung. Halt, immer langsam!

Die Stasi hatte die magische Zahl des George Orwell nur um ein Jahr verfehlt. Seit 1985 war die Bespitzelung der DDR-

Bevölkerung lückenlos, im Jargon der Menschenjäger: »flächendeckend«. Diese Tyrannei ist passé. Wurde sie gestürzt, oder ist sie einfach nur zusammengebrochen? Waren es Gorbatschows Panzer, die nicht rollten, oder waren es die Spaziergänger in Leipzig?

Und es war doch eine Revolution! Es war doch eine radikale Umwälzung – aber wo sind die Revolutionäre? Waren die 40 % CDU-Wähler am 18. März etwa Konterrevolutionäre? Wählten sie Kohl? Oder wählten sie sich selbst? War vielleicht jeder CDU-Wähler eine Blockpartei auf zwei Beinen, die das Elend ja tief mitverschuldet hatte?

Ein Freund aus Schottland schrieb mir eine drollige Rechnung: Jetzt kriegte diese stasigelenkte, diese durch und durch verdorbene Ost-CDU für jedes Jahr ihrer Kriecherei genau 1 Prozent.

Ach und kann man eine Revolution überhaupt kontern, die gar keiner gemacht hatte? Und mußte alles so flott gehn? Ist dieser de Maizière ein Moses, der sein Volk aus der Sklaverei führt?

Wie war das: 400 Jahre Sklaverei in Ägypten, dann 40 Jahre durch die Wüste auf dem Weg ins Land, wo Milch und Honig fließen. Macht genau 10 %. Und nun 40 Jahre Sklaverei im Stasi-Staat. Waren nicht mal 4 Jährchen Zeit, sich zu berappeln, wie damals die Juden in der Wüste? Werden morgen schon Milch und D-Mark fließen?

Egal, das kranke Kind soll jetzt essen, die finsteren Zeiten sind endlich vorbei, und ich bin heilfroh. Und nur ein verbiesterter Plattkopf jammert darüber, daß es endlich besser wurde. Grade die Linken in Ost und West sollten nicht lamentieren, es versüßt den Rechten zudem den Triumph. Halten wir uns also an Mompers albernen Imperativ: Nun freue dich!

Von Robert Havemann lernte ich es ab: Wir dürfen nicht wie das Leiden Jesu zu Pferde durch die Weltgeschichte reiten. Damals in der Chausseestraße 131, mitten in den finsteren Zeiten, als uns allen sonnenklar war, daß das Elend noch ewig dauert, sang ich mir und meinen verzagten Freunden ein kleines Hoffnungslied.

Lied von den bleibenden Werten

1
Die großen Lügner, und was
Na, was wird bleiben von denen?
daß wir ihnen geglaubt haben
Die großen Heuchler, und was
Na, was wird bleiben von denen?
daß wir sie endlich durchschaut haben

2
Die großen Führer, und was
Na, was wird bleiben von denen?
daß sie einfach gestürzt wurden
Und ihre Ewigen Großen Zeiten
Na, was wird bleiben von denen?
daß sie erheblich gekürzt wurden

3
Sie stopfen der Wahrheit das Maul mit Brot
Und was wird bleiben vom Brot?
daß es gegessen wurde
Und dies zersungene Lied
Na, was wird bleiben vom Lied?
daß es vergessen wurde

Ja, so ist nun alles gekommen. Übrig blieb ein tief verwirrtes Volk von verkappten Helden. So war es auch nach dem Tausendjährigen Reich. Man wundert sich, wie Hitler es so lange hatte machen können, denn es wimmelte auch damals

plötzlich von Widerstandskämpfern. Sie singen in diesen Tagen das gleiche Lied wie nach 1945: »Ach, wenige waren wir – und viele sind übriggeblieben.« Praktisch: Wo keine Schuld ist, braucht es auch keine Sühne. Wie sollen auch die kleinen Leute zum Bewußtsein ihrer bescheidenen Schande kommen, wenn sogar die großen Verbrecher sich als Menschenfreunde spreizen. »Ich war wie eine Mutter zu euch«, sagte, kurz bevor sie erschossen wurde, die Frau des Ceausescu zu den Soldaten. Pol Pot? er wollte zurück zur Natur, ein Rousseau des 20. Jahrhunderts und schon wieder im Anmarsch. Korruption? Ich bin ein armer Mann, sagt Honekker. Krenz? er wußte von nichts und hatte nie nichts zu sagen. Er war jahrelang von Kopf bis Fuß verantwortlich nur für die bewaffneten Organe: Polizei, Stasi, Armee, und sonst gar nichts. Waffenhandel, Drogengeschäfte? Günter Mittag wußte nicht, was Alexander Schalk-Golodkowski treibt. Kopfgeld? Verkauf von Landeskindern? Gewiß, aber nur gegen Naturalien: Menschenfleisch gegen Apfelsinen, beteuert der tiefgläubige Menschenfreund Vogel. Die brutale Mimose droht zum hundertsten Male damit, das Mandat niederzulegen und tut es nicht. Gesinnungsterror? Ich bereue nichts, knarrt Karl-Eduard von Schnitzler und verkauft in westlichen Talkshows seinen hartnäckigen Zynismus als Charakterstärke. Jeder stinkende Lump offeriert sich nun als verkannter Philanthrop. Markus Wolf? – ist ein Kollege von Stefan Heym geworden. Schabowski wollte zusammen mit Egon das Ruder noch perestroikisch rumreißen, ehrlich!
Es wimmelt von tiefmoralischen Folterknechten und hochmoralischen Berufslügnern. Ja, was verlangt ihr denn vom Deutschlehrer Piesepampel, dem kleinen Denunzianten im Kaff Kyritz an der Knatter, der für 110 Mark pro Information sein Gehalt aufbesserte. Ich hör schon auf und halte mich an die drei Zauberworte von Brecht und Müller und Shakespeare.

Die Bilder rauschen durch die Röhre. Eine Wirklichkeit schwemmt die andre weg. Erinnert Euch wenigstens an die Bilder in der Tagesschau vom DDR-Wahlkampf! Der reiche Onkel aus Oggersheim schwamm fettvergnügt oben in einem Meer von schwarzrotgoldenen Fahnen. Bundeskanzler Kohl badete in den Wogen einer Begeisterung, die ihm im Westen keiner liefert. Der Kanzler aus Bonn atmete kleindeutsche Luft und formte aus ihr großdeutsche Worte. Morgen, Kinder, wirds was geben, sagte der Weihnachtsmann mit dem Knüppel im Sack. Kohl ging schlauer auf Dummenfang als der kluge Lafontaine. Und all das auf meinem Domplatz! in meinem Erfurt! Er tönte herab durchs Mikrophon von meiner!! Freitreppe. Das Blaue vom Himmel redete er auf meine Leute runter. Meine Leute? Langsam!

Ich sang kurz vor Kohls Auftritt in diesem Erfurt. Es war grad ein Donnerstag, der Erfurter Leipzig-Montag. Ich hatte meine Tonanlage in der Thüringen-Halle aufgebaut, für das Konzert um acht. Vorher, um sechs, sollte ich auf dem Domplatz reden.

Das Meeting war schon im Gange. Eine aufgeregte Masse in der Dunkelheit. Fahnen, Transparente, alles echt wie in der Glotze. Der erste Redner hing schon am Mikrophon. Mit Vernunftsgründen predigte er den Leuten Nächstenliebe. Er mahnte an, daß nun all die entlassenen Stasi-Mitarbeiter auch Menschen sind und schnellstens eine ordentliche Arbeit brauchen. Die Masse murrte und knurrte immer bedrohlicher. Kein Aas will ja all die entlassenen Spitzel einstellen.

Auch war publik geworden, daß es etlichen cleveren Stasis gelungen war, sich von befreundeten Schuldirektoren schnell noch als Deutsch- und Geschichtslehrer einstellen zu lassen. Die Leute waren geladen! Sie schrien und pfiffen, der Pastor mußte abtreten. Die Schafe hatten den Hirten niedergeblökt, der Wolf wurde nun angesagt.

Ich drängelte mich durch nach vorn und stapfte die breite Treppe zum Dom hoch, hin zu den Mikrophonen – der vertraute Weg. Ich weiß ja, jede Rede vor so einer diffusen Menschenmenge driftet ab in Demagogie. Im harmlosesten Fall lügt man mit lauter Wahrheiten. War es Feigheit? Opportunismus? List? Ich donnerte jedenfalls lauter Worte, von denen ich wußte, daß sie dieser wabernden Masse gefallen. Ich wollte nicht ausgepfiffen werden. Ich sagte sowas wie: Mir macht es keine Sorgen, ob Schweinehunde, die uns jahrelang gequält und geängstigt haben, nun ihr Futter kriegen. Ich wünsche den Stasispitzeln alles Schlechte! Ich habe kein Mitleid mit diesen Verbrechern ...

Die Erfurter johlten begeistert. Der Pastor und seine Freunde hinter mir stöhnten vor Wut über meine Aufhetzerei. Es ärgerte sie, daß sie mich überhaupt eingeladen hatten. Sie fürchteten Furchtbares. Von der Seite hörte ich den Gottesmann fluchen »Wolf hör auf! Du machst alles noch schlimmer! Das gibt ein Pogrom gegen die Stasi!«

Ich trieb es in dieser Tonart noch ein Weilchen. Mit jedem Satz entfachte ich ein begeistertes Haßgeheul. Die Masse jauchzte vor Lynchlust, und ich ließ mich treiben. In mir würgte ja selber der Haß gegen die verhaßte Firma. Grad eben hatte ich in Jena von einem offiziell eingesetzten Stasi-Auflöser des Bürgerkomitees eine Neuigkeit erfahren, die ich dort auf dem Platz lieber für mich behielt. Ich hätte damit womöglich eine Lawine blindwütiger Racheorgien losgetreten:

Im Untersuchungs-Gefängnis der Stasi in Gera hatte man einen sonderbaren Apparat entdeckt. Hinter dem Hocker, auf den der gefesselte Häftling gesetzt wird fürs Verbrecherfoto, fand man, von einem Vorhang verdeckt, eine Strahlenkanone. Eingepackt in schützende Bleiplatten war da 'ne Art Röntgenapparat installiert, fest justiert auf die Geschlechtsorgane des Häftlings. Warum?! Wozu?!

Die wohlmeinende Phantasie der Stasiauflöser hatte sich zuerst an die harmlosere Lesart geklammert. Sie hatten geglaubt, es sei halt ein normaler Röntgenapparat, mit dessen Hilfe die Stasi womöglich – statt Finger ins Arschloch – im Naturversteck des Häftlings bequem einen Ehering, ein Feuerzeug oder eine Feile entdecken wollte. Bloß fand sich in diesem Raum gar keine Vorrichtung für einen Röntgenfilm auf der Gegenseite. Und, wie die Fachleute schnell herausfanden, dieser Apparat produzierte eine Punktstrahlung. Er war zudem vom Amt für Strahlenschutz weder abgenommen noch genehmigt. Wozu auch! Die Gammastrahlung war so gebündelt, wie man es braucht, um organisches Gewebe schnell zu zerstören. Und eben solche Vorrichtungen wurden auch noch in Halle und in Magdeburg entdeckt.

Neu an dieser Neuigkeit war nur, daß auch die Stasi sowas macht. Das war bekannt: Vor zwei Jahren, nach dem Aufstand im rumänischen Kronstadt hatte die Securitate die Anführer mit solchen Gammastrahlen zu Tode behandelt.

An all das dachte ich auf dem Erfurter Domplatz und behielt es für mich. Ich redete allgemein mit starken inhaltsarmen Worten den Leuten nach dem Munde. Dann machte ich eine kalkulierte Pause und schrie ein theatralisches a b e r in die Lautsprecher. Dieses Wörtchen donnerte über den düsteren Platz und hallte von den verrotteten Fassaden wider. In langen Jahren erfahren im Belogenwerden lauerten die Leute nun auf die dialektische Wendung des gewieften Abwieglers. Ich tönte nach meinem »aber« sowas wie: Die meisten von Euch hier auf dem Platz haben sich doch alles gefallen lassen. Die meisten waren in all den Jahren doch Feiglinge. Ihr seid doch gelernte Untertanen. Und nun wollt Ihr die Stasi lynchen?! Ihr habt kein Recht dazu... Wollt Ihr etwa zu Mördern werden an diesen Mördern? Wollt Ihr Euch gemein machen mit diesen Verbrechern? Wollt Ihr einsperren? Wollt

Ihr die Zellen entheiligen, die geheiligt sind durch die Märtyrer der Opposition?

In dieser Tonart sprach ich. Und die verdatterten Erfurter ließen sich diese Beschimpfung gefallen. Ich glaube, es gefiel ihnen sogar. Wenig später kam Kohl und versprach ihnen das Gelobte Land. So jubelten die gleichen Bürger in Erfurt ein paar Tage später dem Bundeskanzler zu, als wäre der traumlose Tölpel aus Bonn ein Messias. Nichts ist, wie es ist. Das kenn ich auch von mir: Kein Mensch lebt ganz ohne die Droge der Illusionen, nur die Toten sind clean. Honecker, Mielke und Krenz haben es mit diesem Rauschgift zu toll getrieben, sie sind bei all dem auch Opfer. Ihre eigene Bevölkerung hat ihnen den gefährlichen Stoff der Selbsttäuschung in immer größeren Mengen verabreicht.

So war es doch: Das betrogene Volk betrog ja auch. Es machte seine Obrigkeit jahrelang mit all den Jubelaufmärschen, mit den Fackelumzügen besoffen. Jede offizielle Losung, mit der dieses Volk an der Obrigkeit vorbeidefilierte, jedes Lachen in die offiziellen Kameras, jede Gruß- und Ergebenheitsadresse, jedes feige Klatschen, jedes Kind auf den Schultern des Vaters, das sein Papierfähnchen zur Tribüne hoch schwenkte, all dieser Schwindel mußte die Herrschenden ja täuschen. Wer kann ein Menschenleben lang solchen Wahnbildern widerstehn? Ja, nicht nur die Führer haben das Volk getäuscht, das Volk schlug blind zurück. Selbst verblendet schlug es seine Oberen mit der Blindheit, nach der sie süchtig waren. Die Sklaven haben ihre Herren raffiniert der Wirklichkeit entfremdet.

Am Schluß gabs noch was zu lachen: in den letzten Tagen des Regimes kippte die Tragödie schon ins Komische um. Als am 5. Oktober in Ostberlin der 40. Jahrestag mit dem obligaten Fackelzug der DDR-Jugend gefeiert werden sollte, vorbei an der weisen Führung und ihren Gästen auf der Tribüne Unter den Linden, da fanden sich schon nicht mehr

genügend zuverlässige und jubelfreudige Idioten. Die Partei-
führung karrte Kälber, Schafe und Esel im Blauhemd aus der
Provinz nach Berlin und organisierte es so, daß diese wenigen FDJ-Kolonnen mit ihren Fackeln und Fahnen mehrere
Male, hinten rum im Kreis geführt, vorn an der Tribüne vor-
beimarschierten. Da sah man, was sie immer gewesen waren:
Kleindarsteller in einer kitschigen Operette mit echtem Blut.
Von dieser Farce wird Krenz genau so wenig gemerkt haben
wollen wie von den Prügeleien und Massenverhaftungen, die
dann auf seinen Befehl hin folgten.

Auf seinen Befehl? Könnten Sie das vor einem ordentlichen
Gericht beweisen, Herr Biermann? Nein. In der Gethsema-
nekirche sagte mir Werner Fischer, der oberste Stasiauflöser,
im Vorübergehn: »Krenz hat viel verbrochen. Leider können wir grad ihm nichts beweisen, wir finden nichts Schrift-
liches.« Solche Probleme kennen wir im Westen auch:

Dr. Michael Graff (Sprecher der ÖVP) hat im Streit um den
nettesten Wehrmachtsoffizier Österreichs dem »L'Express«
gesagt: »Solange nicht bewiesen ist, daß er (Waldheim) mit
eigenen Händen sechs Juden erwürgt hat, gibt es kein Pro-
blem.«

Nein, Krenz ist schuldlos. Er hat selber nichts verbrochen.
Er ließ morden und ließ verleumden und ließ leiden und ließ
sich nun auch von einem Bild-Schreiber sein Geseire als
Buch herrichten. Und er ließ in etlichen Zeitungen mitteilen,
daß er mit diesem Wolf B. sprechen möchte, der ihn soo
verkennt. Ich möchte nicht. Man muß nicht durch jede Jau-
chegrube schwimmen, um zu wissen, was Scheiße ist.

Nichts ist, wie es ist. Die Illusionen wuchern in diesen Tagen
genauso wild im Westen. Es ist schade, der Zusammenbruch
des Ostens verschleiert vielen Menschen im Westen die Tat-
sache, daß ihr siegreiches System auch nicht gut genug ist für
das Überleben der Menschheit. Allzuviele hier genießen
jetzt Fausts höchsten Augenblick. Wie Faust am Ende zum

Augenblicke sagen wollte: Verweile doch, du bist so schön... so formulierte unser schlichter Kanzler: Ich bin am Ziel meiner Politik. Die westlichen Demokratien kommen sich nun gefährlich gesund vor. Ein scharf geschminkter Aidskranker triumphiert am Grab seines verfaulten Feindes. Der Kapitalismus steht irreführend gut da auf unserem ruinierten Planeten.

Der Westen hat den Kalten Krieg gewonnen ohne einen Schuß. Ohne das altmodische Blutvergießen erobern nun die Konzerne riesige Absatzmärkte und billiges Menschenmaterial im Osten. Zum Glück nicht die Atomraketen, aber die Kurse steigen, die Börse notiert freundlich. Die Nachfahren der Roten Armee, die den Sieg über Hitler teuer bezahlte, betteln jetzt als billige Arbeitskräfte um Joint-ventures bei den Firmen, die sich in Auschwitz an den kostenlosen Arbeitskräften eine Goldene Nase verdienten. Was ist die Zerstörungskraft einer Stalinorgel, gemessen an der Kreditunwürdigkeit eines Landes bei der Weltbank. Die Sieger sind die Verlierer, die Verlierer Sieger. Ja, nichts ist, wie es ist: Dieser Frieden ist auch ein Krieg.

Wenn das Schicksal der Menschheit nicht auf dem Spiel stünde, könnte man sagen: was solls! Die Geschichte retardiert halt in diesem Teil der Welt für ein paar Generationen. Aber die Zeiten da wir Zeit hatten, sind vorbei. Die Menschheit muß sich schnell wandeln, oder sie krepiert auch ohne Krieg.

Ja, der aufgeklärte Kapitalismus hat sogar doppelt gesiegt: über unsere stalinistischen Feinde und zugleich über unseren Traum von einer gerechteren Gesellschaft. Deswegen bin ich auch heilfroh und niedergeschlagen zugleich. Der Abschied von der Leiche des Kommunismus dauert schon mein halbes Leben.

Während wir nun mit einem lachenden und einem weinenden Auge in die Zukunft schielen, ist scheinbar nichts gegenwärtiger als all die Vergangenheiten. Stasi Stasi Stasi. Es wimmelt flächendeckend. So weit ist es gekommen, daß ich mir schon den Stern kaufe, nur um die Story des Doppelagenten Schnur zu lesen. Stasi-Akten wechseln den Besitzer wie Aktien. Der Spiegel liefert seinen Lesern in abgewogenen Wochenrationen den Böhme-Kadaver aus Mielkes Keller. Werner Fischer löst die Stasi auf? Warum der? Will er seine eigene Akte vernichten? Sogar die besten Leute stinken verdächtig. Der Abdecker stinkt wie das verfaulte Schwein. Viele Stasis wurden gestylt als Stasiopfer. Mancher Spitzel wurde sogar eingesperrt, um ihn dann der Opposition zu implantieren ohne Eiweißschock.

Als Krenz an die Macht kam, und ich haute ihm ein paar bescheidene Wahrheiten in das ewig lachende Gebiß, da schrie Eppelmann: Biermann muß sich bei Generalsekretär Egon Krenz entschuldigen! Ich mag keinen Pfarrer, der nicht weiß, wo Gott wohnt.

Rechtsanwalt de Maizière hat politische Fälle verteidigt und war nicht bei der Stasi? Wir wußten schon vor Jean-Paul Sartre, daß es ehrbare Dirnen gibt. Und die jüdischen Frauen, die im KZ Buchenwald von der SS in ein Bordell für botmäßige Häftlinge gezwungen wurden, sind Heilige. Aber ich mag keine stasiversifften Nutten, die nun auf Gretchen machen.

Der alte Rechtsanwalt Dr. Götz Berger jedenfalls, der unter den Nazis Berufsverbot kriegte und dann nach meiner Ausbürgerung auch unter Honecker verboten wurde, dieser alte Kommunist und wirkliche Spanienkämpfer weiß es aus Erfahrung, und er ließ es uns wissen: jeder Rechtsanwalt, der in der DDR politische Fälle bearbeiten durfte, hat engstens und weisungsgebunden mit der Stasi kooperiert. Ist CDU-Manager Martin Kirchner also kein Stasi? Und mein Freund Ralf Hirsch, der im Stasiknast saß, hatte also schon seit 1978 an die Firma geliefert? Wem kann man überhaupt noch trauen nach dieser Revolution, die so auffällig, so verdächtig liedlos ist?

Ja, liedlos. Oder kennst Du etwa ein neues Lied, das original auf dem Boden dieser Revolution gewachsen ist? All meine neuen Lieder zähln da nicht, ich lebe in Altona. Denke an die große Französische Revolution! Die hatte fast so viele Lieder wie Leichen, und jeder Kopf im Korb unter der Guillotine war eine garstige Strophe.

Bärbel Bohley sagte mir vor paar Tagen in Ostberlin: Ich lege meine Hand nur noch für einen Menschen ins Feuer, für Katja Havemann. Ach, sagte ich, und für mich nicht?! Du lebst ja im Westen, lachte sie.

Und du selbst, Bärbel? Ich jedenfalls, sagte ich ihr, ich war auch mal bei der Stasi.

– Nein, Wolf!

– Doch, Bärbelchen.

– Sag bloß nicht solchen Blödsinn, das steht sonst morgen in Bild oder im Spiegel, das fehlte noch!

– Ich war wirklich bei der Firma...

Bärbel Bohley zerrte mich aus den Räumen des Neuen Forum. Wir gingen quer über die Liebknecht-Straße in ein Café und bestellten uns jeder einen Schwarzwälder Eisbecher und löffelten los.

– Hast Du ein bißchen Zeit?

– Immer!

– Bärbel, dies ist meine eigene Geschichte mit der Stasi:

Am 15. Mai 1953, Du weißt, ich war noch keine siebzehn, ging ich rüber in die DDR. Die Tränen über Stalins Tod waren noch nicht getrocknet, und das Blut vom 17. Juni war noch nicht geflossen.

Die Partei hatte alles geregelt. Ich geriet nach Gadebusch, Du wirst es nicht kennen, ein vergessenes Städtchen in flacher mecklenburgischer Landschaft. Ich lebte dort in dem Internat der Oberschule, ein ehemaliges Schloß auf einem künstlichen Hügel mitten im Ort. Meine Mitschüler fuhren jedes Wochenende zu ihren Eltern in die umliegenden Dörfer. Hamburg war zu weit, also blieb ich jeden Sonnabend/ Sonntag allein im Schloß.

Da ich nach den Gesetzen der DDR ein OdF war, ein Opfer des Faschismus, kümmerte sich ein »Kamerad« dieser Organisation um mich: ein Genosse Georg Schönberner, zufällig der Staatsanwalt von Gadebusch. Er lebte mit seiner Frau und einem Hund in einer Mietswohnung. Dorthin war ich nun jeden Sonntag zum Mittagessen eingeladen. Ich hatte mich schnell eingelebt und fühlte mich. Ich war ja nun glücklich in meinem Vaterland gelandet, für mich das Land meines Vaters.

Vom Arbeiteraufstand in Berlin merkte ich nichts, ich hörte in dieser Idylle nur das, was ich sollte. In jenen Tagen wurde ich zu einer »Aussprache« in die FDJ-Kreisleitung zitiert. Ich stiefelte also um den schönen See herum zu den Barakken der Freien Deutschen Jugend. Dort wartete ein junger Mann auf mich, der mich aufforderte, mitzukommen. Wir gingen Richtung Bahnhof, dort stand, etwas abseits, eine großbürgerliche Villa nahe den Schienen. Ich kannte das Haus nicht und konnte nicht wissen, daß gelegentlich Schreie aus den Kellern drangen. Die meisten Leute in Gadebusch wußten wohl, daß in diesem Haus die Staatssicherheit haust.

Ich kam in einen großen Raum, es war am frühen Nachmittag, die Jalousien waren heruntergelassen. Ein älterer kräftiger Mann kam rein und sagte mir auf den Kopf zu: »Du bist ein Agent unserer Klassenfeinde. Wir haben Dich entlarvt. Es ist aus mit Dir.« Ich sagte: »Nein, ich bin doch der Wolf. Wolf Biermann aus Hamburg...« »Eben. Du bist ein Agent unserer Klassenfeinde. Wir haben Dich entlarvt. Es ist aus mit Dir.« »Quatsch! die Partei hat mich doch hierher gebracht!« »Nein. Du bist ein Agent unserer Klassenfeinde.

Wir haben Dich entlarvt. Es ist aus mit Dir.« »Ich bin doch der Sohn von der Genossin Emmi Biermann aus Langenhorn in Hamburg!« »Trotzdem. Du bist ein Agent unserer Klassenfeinde. Wir haben Dich entlarvt. Es ist aus mit Dir.« Ich krümmte mich in tausend Verrenkungen und beteuerte, daß ich doch der liebe Wolf bin. Dieses parteidumme Hammerwerk schlug mir die immer gleichen drei Sätze auf den Kopf. Ich regte mich auf und regte mich ab, ich schimpfte und klagte und erklärte.

Noch war ich nicht aus den Angeln gehoben, denn ich wußte ja: der Genosse da irrt sich. Und wenn alles aufgeklärt ist, wird er sich entschuldigen, und wir werden vielleicht von Herzen lachen ...

Nach vielleicht einer halben Stunde kam endlich ein Break, da sagte dieser Mensch: »Du bist jung. Wir geben Dir noch einmal eine Chance. Wir lassen Dich laufen. Aber nur, wenn Du jetzt für uns arbeitest. Du wirst jede Woche einen Bericht schreiben über die Schüler im Internat und über Eure Lehrer. Und diesen Bericht steckst Du unauffällig hier im Haus in den Briefkasten. Du kriegst auch bezahlt dafür.«

Nun, endlich, kapierte ich. Es war kein Mißverständnis gewesen, es war infame Methode. Ich schrie und stürzte auf den Menschen los und wollte auf ihn einschlagen. Lächerlich, ein junger Wolf gegen einen ausgewachsenen Hund! Mit ein paar trockenen Schlägen verteidigte sich der Mann und zeigte mir, wo der Hammer hängt. Dann verlangte er von mir eine Unterschrift. Nein, liebste Bärbel, nicht als Spitzel der Staatssicherheit. Ich sollte nun nur noch unterschreiben, daß ich zu keinem Menschen auf der Welt jemals ein Wort über dieses Zusammentreffen sage, auch nicht zu meiner Mutter.

Ich hatte Angst und unterschrieb.

Verstört wie ich nun war, ging ich am nächsten Sonntag wieder zum Mittagessen. Mein väterlicher Freund sagte: »Was hast du, Wolf? Du siehst so bedrückt aus...« »Nein, Schorsch, nichts.«

Nächsten Sonntag nach dem Mittagessen dasselbe: »Aber Wolf, ich kenn Dich doch. Hast Du was ausgefressen? Junge! zu mir kannst Du offen reden... das regeln wir schon... ich bin doch hier Staatsanwalt. Habt Ihr in der Schule irgendwas verbrochen? Lehrer geärgert? Oder was mit Mädchen, Du?« »Nein, nichts.« »Also lieber Wolf, wir sind doch Kameraden... und Genossen... und Freunde... Du hast irgendeine Dummheit gemacht und willst es nicht sagen.«

»Ich darf nicht.«

»Unsinn!«

»Schorsch... ich hab was unterschrieben... ich kann nicht... ich war... in dem Haus an den Schienen...«

Und kaum hatte ich dieses Wort rausgestottert, rief er zur Frau in die Küche: »Soll ich Hundi noch Gassi führen?« Er sprang auf, nahm Hund und Hundeleine und verpißte sich. Kein Wort mehr. Ich sah seinen unsteten Blick, ich roch seine Angst und verstand nichts.

Dies war mein letztes Mittagessen beim Staatsanwalt.

Solche Geschichten gibt es in der DDR wie Sand am Meer. Und die meisten gehen nicht so harmlos aus. Das ist jetzt 37 Jahre her. In diesen Wochen mit immer neuen Enthüllungen über die Stasivergangenheit erschreckt mich dieser brutale Anwerbungsversuch tiefer als damals.

Wenn nämlich dieser Mann damals, der im Haus an den Schienen, anders mit mir geredet hätte, wäre mein Leben anders verlaufen. Er hätte nur sagen müssen:

»Wolf, wir sind so froh, daß Du aus Hamburg zu uns in das bessere Deutschland gekommen bist. Du weißt, daß viele verblendete Menschen unsere DDR hassen. Verrat, Republikflucht, Sabotage, Hetze. Wir kennen Dich und deshalb bitten wir Dich um Hilfe. Die DDR ist in Gefahr. Die Nazis haben Deinen Vater und Deine halbe Familie umgebracht.

Die allermeisten Menschen, die hier leben, waren doch begeistert von Hitler. Sie erziehen ihre Kinder gegen uns. Und auch nicht alle Lehrer an Deiner Schule sind auf unserer Seite. Von vorne greifen sie nicht mehr an, aber sie hetzen die Schüler auf, so hintenrum mit schlauen Fragen ... Wolf, da müssen wir wachsam sein. Wolf, wir müssen diese Feinde entlarven.«

Es entsprach absolut meiner Prägung, ich hätte keinen Hauch eines moralischen Vorbehalts gespürt, ich wäre stolz über das Vertrauen der Partei gewesen und hätte mit Feuereifer jeden in die Pfanne gehaun, der wirklich oder eingebildet ein Wort gegen unsere, die beste DDR der Welt gesagt hätte.

Ich wäre langsam, wie tausende andere, in ein Spitzelleben hineingewachsen. Mein bißchen Verstand hätte immer ausgereicht, jede Niedertracht der Firma zu rechtfertigen, jede Denunziation hätte ich als Heldentat im Klassenkampf verklärt.

Und sogar wenn ich später Brecht gelesen hätte, wäre das auch keine Chance für einen Ausstieg aus dieser Karriere gewesen. Aus seinem reichen Werk hätte ich mir schon das richtige Falsche rausgefischt. Sowas schrieb Brecht:

> *Wozu wärest du dir zu gut*
> *Versinke im Schmutz*
> *Umarme den Schlächter*
> *Aber verändere die Welt*
> *Sie braucht es.*

Ja, ich wäre im Schmutz versunken und wäre womöglich erst jetzt wieder aufgetaucht. Ich wäre mit meinen gesammelten Lebenslügen nicht zur Bildzeitung gelaufen, ich hätte vielleicht geredet wie Markus Wolf am 4. November auf dem Alexanderplatz. Ja, Bärbelchen, ich wäre Stasi geworden.

Keine Muse hätte mich da rausgelockt und keine Frau gerettet. Meine Freunde hätte ich unter diesem Pack gefunden. Keine Kritik von außen mehr, keine Kontrolle. Den Sternenhimmel der Weltrevolution über mir – und das moralische Gesetz des Verrats in mir, hätte ich keine Chance gehabt.

Ein in sich geschlossenes stabiles System aus Privilegien und Machtrausch ist noch schwerer zu durchbrechen als Minengürtel, Selbstschußanlagen und Mauer. Siehst du, Bärbel, ich verstehe sehr wohl, wie leicht man ein Stasi werden konnte. Aber wir dürfen nicht für alles Verständnis haben, nur, weil wir verstehn. Ach, Bärbel, ich hatte damals mehr Glück als Verstand.

Mein Eis in der Glasschale war über die lange Geschichte halb geschmolzen, eine unappetitliche Pampe aus eingemachten Sauerkirschen und Vanillesauce und Likör. Und die Serviererin war herzerfrischend. Schwarz schwarz schwarz: Bluse, Rock und Strümpfe und Schuhe. Aber sie lachte wie eine frische Süßkirsche.

In diesen Tagen machten Eppelmann und sein neuer Freund Kohl einen Vorschlag: Generalamnestie für die Stasi. Was Bärbel über Eppelmann murmelte, will ich vergessen. Aber was meinen Kanzler betrifft, muß ich kein Blatt vor den Mund nehmen. Ausgerechnet Kohl! Er will also Verbrechen vergeben, die andere erlitten. Er will eine terroristische Bande, die jahrzehntelang systematisch Menschen folterte, mordete, ängstigte, ruinierte und verkaufte, nun auf die Schnelle generalamnestieren. Er sagt in seiner schwammigen Art: Schwamm drüber! Ich finde: wenn einer sich selber die Gnade der späten Geburt attestiert und die Terroristen der RAF zugleich gnadenlos und ohne einen Hauch evangelischen Geistes verfolgt, dann hat er nicht das Recht, der Stasi eine Generalamnestie zu offerieren.

Ich denke mal wieder an Peter-Jürgen Boock, dem die Mitgliedschaft in einer terroristischen Vereinigung, aber kein einziger Mord nachgewiesen wurde. Boock, ein Mann, der sich in 9 Jahren fester Kerkerhaft nicht wendete, sondern wandelte. Dieser einstmalige RAF-Kleinterrorist sitzt immer noch sein Lebenslänglich in Fuhlsbüttel ab. Der Großterrorist Egon Krenz stellte dieser Tage, ein paar Schritte weiter, im Hamburger Stadtteil Wandsbek, sein Buch vor. Er quasselte, signierte, schüttelte Hände und reiste zur nächsten Dichterlesung weiter. Wir leben eben in einem Rechtsstaat. Die DDR ist noch nicht so weit, dort könnte er sich in diesen Zeiten solch eine Tournee nicht leisten. Seine Opfer würden ihn zerreißen.

Wundert Euch nicht, wenn solcher Zynismus die Menschen blindwütig macht. Hegel sagte, daß der Geschichtsprozess blind sei wie ein Maulwurf. Aber die Maulwürfe sehn ausgezeichnet mit ihrer Nase. Und womit wir? Geschichtslosigkeit kostet Geschichte.

Nur wer sich ändert bleibt sich treu

(24. August 1990)

Anderer Leute Zungen hängen mir schon zum Halse heraus. Aber wenn Lew Kopelew mich zu irgendeiner Menschheitsretterei verdonnert, dann mach ich wie ich soll, von dem ließ ich mich immer und gerne zotteln. Nur diesmal weiß ich weder ob noch wie. Es geht um Christa Wolf, genauer: es geht nicht um Christa Wolf.

Fangen wir also an mit dem Anfang der Bibel, so kommen wir am schnellsten zu Potte. Alles begann im großen Kinderbuch der Menschheit ja nicht nur mit einer Denunziation. Der Sündenfall liefert auch das Modell einer miesen Schuldabwälzerei. Als Adam und Eva im Paradies noch kauten, da rief der Große Lehmkünstler nach seinem fleischgewordenen Werk und sagte:

> Hastu nicht gessen von dem Baum, davon ich dir gebot, du soltest nicht davon essen?
> Da sprach Adam: Das Weib, das du mir zugesellet hast, gab mir von dem Baum, und ich aß.

Der Täter sieht sich als verführtes Opfer, das kennen wir. Kaum hat er also vom Apfel der Erkenntnis abgebissen, der erste Mensch, schon verpfeift er sein Weib an die Obrigkeit und lädt auf sie alle Schuld ab. So sind wir gemacht, von Anfang an.

Christa Wolf hat nun eine Erzählung mit dem Titel: »Was bleibt« veröffentlicht. Eine böse Geschichte aus längst vergangenen Zeiten. Ich soll der miesen FAZ-Kritik eines F. Schirrmacher entgegentreten und soll dem perfiden Artikel des Ulrich Greiner in der ZEIT widersprechen. Christa

Wolf wird Feigheit vor einem Feind vorgeworfen, der allerdings nicht ihr Feind war und unter dessen Regime die Kritiker nie leben mußten. Heikel!

Es ist klar, warum mein allerliebster Russe aus Köln grad mich in die Maulschlacht schicken will. Ich spreche ja in dieser Frage mit einer Autorität, die mir in den Schoß fiel wie ein Mühlstein und die mir über den Schädel geschlagen wurde wie ein Heiligenschein.

Die Kritiker werfen der Christa Wolf vor, daß sie die Anti-Stasi-Story von vor über zehn Jahren erst jetzt aus der Schublade holt, wo es nichts mehr kostet. Stimmt! Aber auch umgekehrt: Bis grad eben noch war diese Autorin eine Heilige Kuh. Warum berennen diese Ritter des Geistes die umschmeichelte Autorin erst jetzt, wo es ebenfalls nichts mehr kostet? Wie zögerlich, furchtsam und zerrissen Christa Wolf auch immer war, sie machte nie auf Held, und sie durfte deshalb zerrissen, furchtsam und zögerlich sein. Außerdem soll man den Apfelbaum nach seinen Früchten beurteilen und nicht danach, ob er gute Knüppel hergibt oder Brennholz für Scheiterhaufen.

Gewiß, die tapferfeigen Intellektuellen der DDR sind in der Bredouille. Nicht nur Christa Wolf, auch solche geschrumpften Drachentöter wie mein falscher Freund Stefan Heym, mein falscher Feind Stephan Hermlin, wie Volker Braun, dessen Talent ich bewundere, wie Fritze Cremer, den ich bedaure, wie Scheumann, den ich nicht kenne, wie Hermann Kant, den ich fürchte und Peter Hacks, den ich verachte, wie Rainer Kirsch, der mir egal ist, wie Erik Neutsch, der immer blöde blieb, wie Willi Sitte, der auch mal Bessres mit sich und mit der Welt vorhatte.

Einige von diesen selbstlosen Kostgängern des Stalinismus kenne ich: halbherzige Aufrührer, die nun von Existenzängsten geschüttelt sind. Alles Luxusleiden. Parteipoeten, die gelähmt feststellen, daß ihre Villa ein Westgrundstück ist.

Staatskünstler, die mitansehen müssen, wie ihr Staat unter-
geht. Wahrheitsfanatiker mit all ihren gehäkelten Lebenslügen. Wider-den-Stachel-Löcker mit storniertem Pensionsan-
spruch. Gleichheitsprediger mit bedrohten Privilegien.
Untergrundkämpfer ohne lukrative Staatsaufträge. Freigei-
ster, mühselig beladen mit Nationalpreisen. Sie alle werden
jetzt von westlichen Kritikern einem moralischen TÜV un-
terzogen. Ich find es eher zum Lachen! Es geht ihnen nicht
besser als den anderen Trabis und Wartburgs. All diese
klapprigen Ost-Autos fahren nun über die Grube, und irgendein smarter Ingenieur vom Feuilleton stochert von unten ohne alle Pietät mit dem Schraubenzieher durch die
Rostlöcher im Boden. Ach und der moralische Abgas-Test!
Das Öl, mit dem sie geschmiert und gesalbt wurden, ver-
brennt. Es stinkt im Osten nach Selbstmitleid.
Das Volk jubelt blöde über die schnelle Einheit, aber allerhand linke Künstler greinen. Es ist eine Posse.
Ja, lieber Lew, das ist eine Frage: Dürfen so vorlaute smarte
Rotzlöffel wie Greiner und Schirrmacher, die nie durch-
machten, was wir in der Stalinzeit erlitten, dürfen die urtei-
len? Dumme Frage, dumme Antwort: Na klar dürfen sie,
und sie sollen sogar. Ich finde: diese Artikel sind weder
Hetze, noch blasen sie zu einer Hatz.
Mit allerhand Altlinken im Westen ist darüber schlecht reden, denn sie sind bösartig verwirrt und sind stocksauer über
das Ende des Tierversuches DDR. Sie verübeln es dem
DDR-Volk, daß es nicht jenen Sozialismus aufgebaut hat,
von dem sie im Westen immer geschwärmt hatten. Viele
Linke hier gestehen sich nicht ein, daß sie hinter dem eigenen Rücken heilfroh waren, wenn ihr Schwarm ein Traum
blieb, den sie nicht leben müssen.
Und im Osten? Die eingebundenen Schriftsteller und ali-
mentierten Maler, die gelegentlich im Westen grasenden
Schauspieler und Verleih-Regisseure, die im Westen wil-

dernden Miet-Musiker mokieren sich nun über die bananengierige Begeisterung des DDR-Pöbels am Grabbeltisch bei Karstadt. Auch diese Ost-West-Existenzen hätten den östlichen Tierversuch noch gut und gern tausend Jahre ertragen. Und mancher ärgert sich über den Fall der Mauer, Kunststück! Sie hatten ja fast alle in den letzten Jahren einen Reisepaß ergattert, den das eingesperrte Volk bitter den Arierpaß nannte. Und das kam ihnen süße hinzu: sie zahlten auf ihre Westhonorare beneidenswert niedrige Steuern: 15 %. Sie waren alle verstrickt. Und manchem schmeckt ein Menschenrecht eben doppelt, wenn er es als Privilegium genießen kann. Brecht unterschied in seinem TUI-Roman-Fragment die echten Intellektuellen von den »Tellektuelinns«, die er kaltkurz TUIs nannte. Tuis, das sind die gekauften Intellektuellen, angestellt zur Ideologieproduktion. Selber in feineren Fesseln, schmieden sie grobe Ketten fürs Volk. Gehirnathleten, die ihren Kopf vermieten, genau so wie die Arbeiter ihre Hände. Ein anschauliches Abziehbild. Aber wir sind im Leben und nicht im Kongreß der Weißwäscher auf der Bühne des Berliner Brechtmuseums. In Wirklichkeit gibt es da kein Entweder-Oder, sondern ein Sowohl-als-auch. Wir sind alle frei und angekettet zugleich. Und vertüdeln in uns eins mit dem andern. Kein Wahrheitsapostel lebt ohne Lebenslügen.
Und so müssen wir über die uralten Fragen bei Gelegenheit dieser Umwälzungen mal wieder nachdenken: Was soll der Schriftsteller in den finsteren Zeiten der Tyrannei?
Zu weit gehn, gewiß. Aber wie weit zu weit?
Wahrheiten austeilen, Gott ja! Aber wann und wie und wieviel und wem? Wahrhaftig sein, gerne! aber was tun, wenn das Leben auf dem Spiel steht und nicht nur das Wohlleben?
Appelle? Wozu einem Herzlosen das Hemd aufreißen! Verdikte? Wozu einem Toten das Maul stopfen!
Furcht haben, wer hätte sie nicht. Was aber, wenn die Furcht mich hat?

Gerechtigkeit ist ein Traum, alt wie die Unterdrückung. Auch ich träume von einer Politik, die moralisch ist. Und wer wünschte nicht eine Moral, die endlich praktische Politik wird. Wir träumen alle vom Paradies, denn es ist ein Standard-Traum in der Hölle.

Des Teufels Instrumente waren im Osten die Macht, die Privilegien, die Beziehungen. Heute wird dasselbe mit Geld geregelt. Das Neue Testament war also stärker als das Kommunistische Manifest. Kennt Ihr Orwells treffende Paraphrase? »*Glaube, Liebe, Hoffnung – diese drei; aber das Geld ist das Größte unter ihnen.*«

Geld ist nun in der DDR das Generalthema. Die Arbeiter fangen an zu rechnen, die Bauern machen Bilanz, die flotteren Funktionäre üben ohne Sentimentalitäten den Kapitalismus. Nur eben die paar Intellektuellen, Künstler, Schriftsteller weinen dem vertrauten Elend nach und geben ihm Kosenamen wie: das Bewahrenswerte, die DDR-Identität, die originären kulturellen Werte. Bei näherem Hinsehen können wir statt dessen auch hier getrost Geld sagen.

Als der Schauspieler Manfred Krug mit Kind, Kegel, Haushälterin und allen Antiquitäten die DDR verließ, im Gefolge meiner Ausbürgerung, tat er etwas, was auch ich hätte tun sollen. Er schloß sich in Westberlin drei Tage in ein kahles Zimmer ein. Im Raum gabs nur eine Liege, eine Lampe und ein Buch. Und er las nun das Buch der Bücher: »Steuerrecht der Bundesrepublik Deutschland«. Da könnt ihr was lernen! Krug gehörte schon immer zur Avantgarde. Geld ist womöglich mörderisch wie die Macht, aber es ist nicht ganz so verlogen.

Also laßt uns endlich vom schmutzigen Geld reden. Es gibt für Künstler und Schriftsteller in der DDR im Moment kein edleres Thema. Meine lieben Zunftgenossen, ihr werdet euch ums liebe Geld noch so blutig schlagen, daß die Hunde das Blut lecken. Ihr werdet nicht mehr am Busen der Partei nukkeln, die Fonds sind versiegt. Ihr müßt abstillen, denn die Stasi steht trocken. Ihr werdet einander noch die Nasen abbeißen und euch zurücksehnen nach der gemütlichen Zeit ohne Steuerberater und Finanzamt, ohne Bankkredite und Bauherrenmodelle.

Goldgräber mit Taschenrechnern stoßen in den wilden Osten vor. Rechtsanwälte, Literaturkritiker und andre Gebrauchtwagenhändler erleben in diesen Monaten einen Boom. Die letzte Rostlaube auf Rädern wird zum doppelten Preis an DDR-Leute losgeschlagen. Selbst die schlechtesten Rechtsanwälte finden nun Kundschaft, sie sollen verlorengeglaubte Immobilien aus dem ruinierten Rest reißen. Plötzlich gelten neue Maße und Gewichte. Was kann Christa Wolf dafür, daß mancher Kritiker nun sein Kuscheltier aus der Zeit des Kalten Krieges schlachtet. Nun rieseln ihr die Sägespäne aus dem Herzen. Einst mir so freundlich und mir so feindlich heute... Das sind so Sätze. Wir sind alle ganz schön durchn Wind.

Die DDR kommt mir in diesen Tagen vor wie das zusammengebrochene Pferd in Brechts Ballade:

O FALLADAH, DIE DU HANGEST!

Ich zog meine Fuhre trotz meiner Schwäche
Ich kam bis zur Frankfurter Allee.

. . .

Kaum war ich da nämlich zusammengebrochen
(Der Kutscher lief zum Telefon)
Da stürzten sich aus den Häusern schon
Hungrige Menschen, um ein Pfund Fleisch
            zu erben
Rissen mit Messern mir das Fleisch von den
            Knochen
Und ich lebte überhaupt noch und war gar nicht
            fertig mit dem Sterben.

Aber die kannte ich doch von früher, die Leute!
Die brachten mir Säcke gegen die Fliegen doch
Schenkten mir altes Brot und ermahnten noch
Meinen Kutscher, sanft mit mir umzugehen.
Einst mir so freundlich und mir so feindlich
heute!
Plötzlich waren sie wie ausgewechselt! Ach, was
war mit ihnen geschehen?

Kohl hat sich schon die Serviette in den Hals gestopft und trommelt mit Messer und Gabel auf den Tisch, er will sofort sein großdeutsches Schnitzel. Und der kleine de Maizière röchelt: Ich bin noch gar nicht fertig mit dem Sterben. Goldene Worte sprach dieser neue Chef der verhurten Blockpartei am 14. März nach dem Wahlsieg in die Fernsehmikrophone:
»Wir haben am 9. November Wahnsinn
gesagt – und sagen auch heute Wahnsinn!!«
Irre gut getroffen, der Mann hat recht. Es ist der helle, der erhellende Wahnsinn. Krenz reißt im Fallen mit dem Hintern die Mauer um. Bärbel Bohley, die oppositionelle Maus, statt sich zu freun, will nicht durch das endlich gerissene Loch laufen. Alles wahnsinnig verkehrte Welt. Stasi löst Stasi auf. Havemanns Akten verschwunden. In der Tagesschau war zu sehn, wie alle belastenden Computerbänder in der Stasizentrale Magdalenenstraße zerfetzt wurden.
Ausgesuchte Opfer stimmen der hastigen Vernichtung von Dokumenten der Unterdrückung zu. Ein einziges Affentheater. Ausgerechnet zwei Gottesmänner, Pfarrer Eppelmann und Pastor Meckel kämpfen als Minister plötzlich für die Aufrechterhaltung der Nationalen Volksarmee. Diese Hirten treiben nun statt der Schafe die Panzer auf die Weide. Das ist Orwellsches Neusprech: Ein Pfaffe will der sterbenden DDR noch schnell für eine Milliarde neue Waffen kaufen und nennt sich Minister für Abrüstung.

Eppelmann, du bist nicht nur von allen guten Geistern, sondern auch von Gott verlassen. Heinrich Toeplitz, Oberster Richter in der Honecker-Ära, ein Mann, der Terrorurteile fällte und keinen Hauch von Schuldgefühl hat, grade der wurde beauftragt, in einer Untersuchungskommission der Volkskammer den Rechtsmißbrauch des alten Regimes aufzudecken. Alle Kommissionen der Bürgerrechtsbewegung zur Auflösung der Stasi waren von Stasis durchsetzt. Diese Revolution ist eine Weltpremiere: eine Revolution ohne Revolutionäre. Sonst hatten wir in Deutschland immer das Umgekehrte: lauter Revolutionäre, die nie eine Revolution zustande brachten.
Ja, es ist ein absurdes Stück, und alle Rollen sind phantastisch falsch besetzt. Diestel trat aus seiner rechtsradikalen Partei aus wegen rechtsradikaler Tendenzen. Höpcke, der Oberzensor von gestern, sitzt im PEN und managt für Bertelsmann Gesamtdeutsches.
Heiner Müller erweist sich mit seinen blutigen Votze-Kacke-Eiter-Stücken, mit seinen wüst verschachtelten Geschichtsbilderbögen aus der Klapsmühle mehr und mehr als ein biederer Naturalist.
In der Nacht nach *dem* Fußballspiel schaltete ich vom Fernsehn um auf Nahsehn. Ich rannte in die Straßen Westberlins und dann rüber in' Osten. Ich wollte vergleichen. Im Westen war es zum Kotzen, im Osten zum Fürchten. Auf dem Ku'damm brüllten die entfesselten Fans Olé Olé Olé Oléééé! Sieg! Sieg! Sieg! Heil blieben die Scheiben der noblen Geschäfte. Fahnen aus offenen Autos, Hupkonzerte und leere Bierdosen wie die Hülsen abgeschossener Granaten. O, what a lovely football-war!
Dann, im Osten, geriet ich auf den Alex. Kahlgeschorene Halbkinder machten Jagd auf Vietnamesen, die uns entgegenkeuchten und flüchteten ums Rote Rathaus hinter die Baubuden. In der Rosa-Luxemburg-Straße schlugen schwan-

kende Gestalten mit Stangen die größeren Scheiben ein und rissen die Hand zum Heil-Hitler hoch und krallten sich einen alten Mann: Erwidere den deutschen Gruß! und schlugen ihn zu Boden. Sie brüllten »Und heute gehört uns Deutschland/Und morgen die ganze Welt...« Immer nur diese beiden Zeilen des alten Naziliedes. Woher kennen die das? Wir drückten uns seitwärts. Die Skins zogen Richtung Prenzlauer Berg die Schönhauser Allee hoch zur traditionellen Straßenschlacht gegen die Punks. Punks rekrutieren sich im Osten vornehmlich aus Kindern der intellektuellen Halbopposition. Sie fühlen diffus links und verachten die Anpasserei ihrer aufmüpfigen Eltern.

Meine Frau zerrte mich weg von den Skins. Sie fürchtete, daß diese angesoffenen Fußballfreunde mir das Maul nach hinten schlagen, nur, weil sie mich mit Wolf Biermann verwechseln. Sie beschimpfte mich, weil ich mich nicht satt sehn konnte an diesen Goya-Gespenstern. Die Skins haben Zulauf von überall, aber die meisten sind Kinder von Funktionären, Polizisten, Stasi-Männern, die jetzt arbeitslos zuhause vor der Glotze brüten und die Welt versaufen. Wenn das nicht Kontinuität im Umbruch ist: Die Kids der Gegner von gestern prügeln aufeinander ein. Der Schlaf der Vernunft bringt Ungeheuer hervor.

Seit Hitler waren die Deutschen nicht mehr so begeistert. Am Tag, als Beckenbauers Rudel in Rom der deutschen Wiedervereinigung die Fußballkrone aufsetzte, hat immerhin mein Boris Becker sich um Deutschland verdient gemacht, zum Glück verlor er in London gegen eine schwedische Tennismaschine.

Der Kalte Krieg ist vorbei, und so sehn die Friedensfeiern aus. Also gut, der Kommunismus hat kapituliert. Aber wer hat eigentlich verloren? Honecker und Mielke? – die grinsen verwirrt und verpissen sich ins Grab. Schalck-Golodkowski? Oder Günter Mittags Mafioso Wolfgang Biermann, der gefürchtete Generaldirektor von Zeiss-Jena? – mein Namensvetter ist längst im Westen und wuchert mit dem Pfund seiner Spezialkenntnisse fürs anlaufende Ostgeschäft. Die VEB-Direktoren? – viele haben längst Betriebe bürgerlichen Rechts gegründet und haben sich für'n Appel und Ei aus der Konkursmasse die besten Stücke rausgerissen. Das Volk? Die Arbeiter vom Fließband? Die Bauern in den LPGs? Quatsch! Die haben nie was davon gehabt und haben nie an nichts geglaubt. Man kann nur Illusionen verlieren, die man hat.

Die wirklichen Verlierer sind wir, eine Handvoll linker Intellektueller. Im Namen des echten Marxismus und des wahren Sozialismus hatten wir uns in den Streit mit den Bonzen verbissen. Aber unsere Gegner von gestern sind längst über alle Berge. Und wir, ein Häuflein mehr oder weniger Aufrechter, kauern am Grab und kauen an der Leiche des Kommunismus. Wir wissen zu viel, darum sind wir jetzt die ganz Dummen. Wir haben ein zu scharfes Gedächtnis, deswegen sind wir in diesen Tagen des Aufbruchs in die Marktwirtschaft so stumpfsinnig daneben.

Gewiß, wir sind untereinander verfeindet. Die einen haben mehr, die anderen weniger gewagt und gelitten. Und das werfen wir uns seit je gegenseitig vor. Aber im großen historischen Koordinatensystem sind eben dies nichtige Unterschiede, die man getrost vernachlässigen kann. Es ist im Grunde ganz einfach: wir kommen aus derselben historischen Hoffnung.

Wir waren ja nicht, wie die Faschisten, aufgebrochen, um ein Volk über alle anderen zu setzen und ganze Völker auszurotten. Der Kommunismus stand ja in der humanistischen Tradition der Aufklärung, bevor er zum Massengrab der Aufklärer wurde. Wir wollten ein Leben vor dem Tod und wollten das jüdisch-christliche Paradies auf die Erde zwingen. Unsere Vorfahren sind die radikaldemokratischen Jakobiner, die ikarischen Spinner, die niedergemetzelten Communarden in Paris, die zusammengeschossenen Matrosen von Kronstadt und die vom Marstall in Berlin im November 1918. Leute unserer Machart leben und arbeiten in den Kibbuzim und liefern das einzige Beispiel für einen halbwegs gelungenen Sozialismus im israelischen Kleinformat.

In den schweren Jahren, als ich verboten war, schrieb und sang ich in der Chausseestraße über unser zerrissenes Deutschland die Verse:

> *Ich lieg in der besseren Hälfte*
> *Und habe doppelt Weh ...*

Die Rechten ärgerten sich über das aufreizende Wort von der besseren Hälfte und reiben es mir noch heute unter die Nase. Die Linken aber tadelten das Wörtchen Weh und wüteten darüber, daß es sogar ein doppeltes Weh sein sollte. So leicht setzt man sich zwischen die Stühle.

Ganze Nächte haben wir uns den Mund fusselig geredet. Immer wieder wurden Havemann und mir von solchen tapferfeigen Freiheitsfreunden wie Heym, Hermlin und Christa Wolf vorgeworfen, daß wir zu weit gehn. Ich wehrte mich mit Pasquillen und spöttischen Liedern und schlug solchen »tiefbesorgten Freunden« eine Ballade um die Ohren, in der es heißt:

> *Mein Lieber, das kommt von der Arbeitsteilung:*
> *Der eine schweigt und der andere schreit*
> *– wenn solche wie du entschieden zu kurz gehn*
> *Dann gehn eben andre ein bißchen zu weit ...*

Oft wurde der Streit untereinander so übermächtig, daß wir vergaßen, daß eigentlich die Kretins im Politbüro unsere Todfeinde waren. Aber es war alles verwirrend gemischt.

Christa Wolf war Kandidatin im ZK, und den Einmarsch in die ČSSR hat sie damals leider verteidigt. Hermlin besaß im verhaßten und gefürchteten Erich einen treuen Jugendfreund, den er jederzeit anrufen und um Hilfe bitten konnte. Kam hinzu, daß der weltberühmte Heiner Müller nur ein Wörtchen zum Chef des Berliner Ensembles Wekwerth sagen mußte, und der verklickerte es dann seinem Vertrauten Honecker. So konnte manchem Menschen geholfen werden. Gelegentliche Gerechtigkeit als sentimentaler Akt aufgeklärter Willkür.

Sogar dem hochmütigen Arschkriecher Hacks wurde in seinen besseren Zeiten mal ein Stück verübelt und halb verboten. Gewiß, man kann, wenn man will, den drohenden Verlust von liebgewonnenen Privilegien schon als Repressalie verbuchen. Widerstand und Anpasserei haben fließende Grenzen. Und trotz alledem, das wissen wir, gibt es ein Ja und ein Nein, es gibt immer wieder Richtig und Falsch. Aber eben niemals als abstrakte Norm. Wie weit einer zu weit geht, das ist immer an den einzelnen Schriftsteller gebunden.

Wir waren verfitzt, verfilzt und lochverschwägert mit unseren Widersachern. Es gab ideologische Akrobaten, die in beiden Lagern standen und immerzu die Fronten wechselten. Die tiefen familiären Kontakte zu unseren Todfeinden brachen nie ab, weil wir den Widerspruch alle in uns selber trugen.

Mir gings damit nicht anders. Zumindest bis zum berüchtigten 11. Plenum im November 65, als ich endgültig und ganz und gar verboten wurde. Das Verdikt war mein Glück, denn ich hätte mich auch lieber arrangiert.

Vordem hatte ich gelegentlich sogar Margot Honecker getroffen. Ich besuchte sie in ihrem Ministerium nahe dem Brandenburger Tor. Sie redete auf mich ein und gab sich Mühe. Ich war jung, und sie wollte mich retten. Sie ließ sich

sogar in ihrer Wandlitzer Bonzenschleuder zur Chausseestraße 131 kutschen, schwebte im Nerz die zwei Treppen
hoch und suchte mich heim in meiner Bruchbude. »Wolf,
komme zur Vernunft! Hör auf mit solchen Liedern! Das
geht zu weit! Wenn du doch bloß zur Vernunft kämest – du
könntest unser bester Dichter sein...« Ja, es ist zum Lachen.
Als ob dieses ungebildete alte Mädchen die Zertifikate für
den besten Dichter der DDR zu vergeben hätte! Aber so
selbstbesoffen dachten die. Und so redeten wir miteinander,
ja wir waren Familie, bis aufs Blut zerstritten, aber Familie.
Und aller Haß, das Gift, die Galle kamen aus dieser familiären Verklammerung mit unseren Unterdrückern.
Gewiß, ich ging in diesem Familienstreit weiter als Christa
Wolf. Ich hatte nun mal das schwarze Glück, daß mein Vater
in Auschwitz starb und nicht in Stalingrad. Meine Kindheitsmuster sind eben anders, ich hatte nichts wiedergutzu-
machen. Und ich mußte den neuen Machthabern gar nichts
beweisen. Ich sprach im anmaßenden Ton des rechtmäßigen
politischen Erben. Und das war auch der Grund, warum ich
in meinen Liedern nicht in Sklavensprache sprach. Ich liebte
kindlicher und haßte kindlicher und verachtete wilder
und... ich achtete diese alten Genossen mit größerer Selbst-
achtung, als es die Kinder der Nazis je konnten. Deren lum-
penhafte Bescheidenheit paßte nicht zu meiner Biographie.
Ich kämpfte naiv ohne Visier, und ich redete immer, auch in
Reimen, Klartext. Die Folgen blieben nicht aus.
Sklaven reden halt in Sklavensprache, nichts dagegen! Wer
sich darüber mokiert, muß den Aufstand wagen. Und wer
das Maul aufreißt, dem wird es gelegentlich gestopft. Ich
kann ein Lied davon singen.
Wie weit einer in finsteren Zeiten zu weit geht, daß hängt
nicht nur von seiner Persönlichkeitsstruktur ab, sondern
auch von der literarischen Gattung, in der er sich bewegt.
Ein Romanschriftsteller muß kein Volkstribun sein, er muß

sich nicht wie Victor Hugos kleiner frecher Gavroche auf der Barrikade tummeln und dabei schön verbluten. Ich bin schon begeistert, wenn Stefan Heym ein aufregendes Buch über einen Historiker schreibt, der in biblischer Zeit den »König-David-Bericht« verfassen soll und sich krümmt zwischen Wahrheit und Lüge. Die begründeten Feigheiten dieses Intellektuellen sind lehrreich genug und nebenbei ein Selbstportrait des Autors. Sein gemeintes Selbstportrait aber, das Buch »Nachruf«, ist eine eitle Lebenslüge, in dem Heym uns erzählt, was für ein wasserdichter Held und Hellseher er von Anfang an war.

Der Dramatiker muß nicht ins Getümmel. Wozu soll er tagespolitisches Kaspertheater vorführen? Mir reicht es, wenn er Gott spielt. Er soll die Personae Dramatis so aufeinander treffen lassen, daß ich mir meine Gedanken machen kann und mit meinen Gefühlen ins Reine komme. Staatspräsident kann er zur Not immer noch werden.

Anders der Gedichteschreiber und noch anders der Liederschreiber und noch anders der Sänger, wenn er damit auf die große Bühne geht! Volker Braun war seinem provokativen Talent moralisch nicht immer gewachsen. Die sanfte Sarah Kirsch, die stillspöttisch in der Loge saß und in ihre Naturlyrik Muster mit politischen Invektiven hineinstrickte, Sarah war so tapfer wie die geniale Großfresse Volker es hätte sein müssen.

Und Lieder sind nun mal eine Kunstform, die auch in die Arena muß. Ich saß ja nicht im Wirtshaus wie Schubert und nicht im Salon wie Schumannn.

Es war eine greuliche und trotzalledem lebendige Zeit. Die »Wunderbaren Jahre« waren wirklich wunderbar! Und ich sage das ohne den magensauren Sarkasmus des zerbrechlichen Kunze. Rainer Kunzes bedeutungsschwere Plattheiten im pfäffischen Tonfall gingen mir schon in der DDR auf den Senkel. Und nicht nur mir. Noch heute, nach so vielen

Jahren, geht Helga Novak, die große verkannte Dichterin dieses Landes an die Decke, wenn ich die sensiblen Wege meines Freundes Kunze verteidige.

Ja, es stimmt, ich verteidige ihn. Weil ich gern höre, wie sie dann loslegt: Kunze? Der!! Und dann erzählt sie, wie es an der Journalistenhochschule in Leipzig war, wo Kunze zum Lehrkörper gehörte, ein junger ehrgeiziger Assistent. Kunze wurde als brutaler stalinistischer Einpeitscher von den bessren Studenten gefürchtet. Gibt es darüber sensible Gedichte? Und wer weiß, wie Kunzes Kindheitsmuster aussieht? Immerhin hat er sich geändert. Aber Stephan Hermlin hält noch heute und öffentlich seine Lobgesänge über Stalin hoch.

> *Aus dem unendlichen Raunen von Inseln und Ländern*
> *Hebt das Entzücken sich mit seiner Botschaft dahin,*
> *Wo die Verheißungen leben und die Epochen*
> *verändern,*
> *Namenlos sich die Zeit endlich selbst nennt: STALIN*
> *(aus dem Gedichtzyklus »Stalin« 1949)*

Mein lieber Hermlin, das ist doch Dreck. Diese Nibelungentreue in einer Zeit, wo die Ratten das sinkende Schiff der Partei verlassen, ehrt Sie. Aber unter uns: Das einzige unparfümierte Wort in diesem Wortebausch ist doch der Name »Stalin«! Ohne diese stinkenden sechs Buchstaben wären solche Verse nichts als ein Paul-Eluardifizierter Kitsch. Man kann dem georgischen Massenmörder viel, aber nicht jedes schlechte Gedicht in die Schuhe schieben. Aragon war genauso ein stalinistischer Schöngeist wie Sie, aber die Musen küßten ihn, und er schrieb unvergänglich schöne Gedichte. Il n'y a pas d'amour heureux.

Was für erschütternde und zudem lehrreiche Verse hätten Sie darüber schreiben können, wie sich Ihre tiefunglückliche

Jugendliebe zur Partei in ein abgeschmacktes Bratkartoffel-
verhältnis wandelte. Statt dessen hockten Sie all die Jahr-
zehnte auf unzähligen Kongressen in aller Welt und vergeu-
deten Ihr tiefes Sprachgefühl beim Feilschen um Worte im
Bulletin, in Resolutionen, Protestnoten und Ergebenheits-
adressen. Sie vertaten Ihre kurze Zeit in endlosen Sitzungen
der Akademie der Künste, in Gremien und auf Tagungen.
Sie spielten in Ost und West die Rolle des Großen Deutschen Dichters, ein nobler Titel, den ich Ihnen mal in einem
Spottlied verlieh, Sie wissen es, um Ihren beleidigten Stolz
zu besänftigen.
Dabei weiß ich wohl, daß Sie nach Chruschtschows Geheimrede über Stalins Verbrechen zutiefst erschüttert waren.
Und ich weiß sehr gut, daß Sie ein hochkarätiger Literat
sind, dessen Urteil ich achte, wenn es nicht grade mit dem
Gift der Selbstverteidigung und Selbstbeweihräucherung
verdorben ist. Und ich weiß und habe nie vergessen, daß Sie
mir am Anfang beistanden und nicht nur mir und immer
wieder. Ich habe keine Lust mehr, Ihr Feind zu sein.
Ihre Unterschrift unter die Biermann-Petition vom November '76 haben Sie Ihrem mächtigen Jugendfreund zuliebe leider zurückgezogen und haben dann in einer tartüffischen
Verrenkung Ihren Widerruf widerrufen – was sollen wir
darüber noch lange streiten. Ich kenne doch den Druck und
die Ängste, und ich weiß um unsere fatale Geschicklichkeit,
jeden Akt der Unterwerfung in eine List umzulügen.
Erinnern Sie sich an den letzten PEN-Kongreß in Hamburg
1986? Peinlich! Ich schneite da rein, zusammen mit Hans-
Joachim Schädlich und Jürgen Fuchs, zwei ins deutschdeutsche Exil gejagte Schriftsteller, die Sie damals noch mit schä-
biger Arroganz als »Kriminelle« abtun wollten. Christa
Wolf und Heiner Müller hatten an diesem Tag das Herz,
mich freundschaftlich im großen Saal zu begrüßen. Aber der
Spitzel Kamnitzer sah alles. Hagers und Mielkes Apparat-

schiks waren noch an der Macht und hatten ihre Aufpasser im Hamburger Kongreßzentrum plaziert. Lassen Sie uns den alten Streit beenden, er ist gegenstandslos geworden. Mir ist so friedensselig zumute, wir haben beide verloren.
Sie kennen gewiß mein Lied »Ermutigung«. Ich schrieb damals aber ein anderes, das nicht so populär wurde: »Große Ermutigung«. Das geht so:

> *Du, mein Freund, dir kann ich sagen*
> *Ich bin müde, hundemüde*
> *Müde bin ich all die Tage*
> *Die mich hart und härter machten*
> *Ach, mein Herz ist krank von all der*
> *Politik und all dem Schlachten . . .*

und im Refrain heißt es:

> *Sag, wann haben diese Leiden*
> *endlich mal ein Ende?*
> *Wenn die neuen Leiden kommen*
> *haben sie ein Ende.*

Wenn das kein Trost ist! Endlich haben wir neue Probleme und nicht immer die alten. Auch neuen Streit mag es geben, aber bitte! ich will neuen! und nicht immer wieder den alten Quark.
Aber wie verheerend es auch wird, die Deutschen sind fein raus. Das Elend in den östlichen Ländern, die nicht so einen reichen, geizigen, kurzsichtigen und kaltherzigen Bruder im Westen haben, wird ins Chaos führen. Die panische Flucht der Juden aus dem hungernden und lynchlustigen Pamjat-Rußland und nun auch und ausgerechnet nach Deutschland – das ist ein schreckliches Zeichen. Es ist ungerecht, daß Gorbatschow, dem wir Deutschen mehr als uns selbst ver-

danken, jetzt verschlissen wird. Aber es ja nicht die Aufgabe der Weltgeschichte, Beispiele für Gerechtigkeit zu liefern.

Die DDR hat es leicht. Es wird schwerer und schlechter gehn, als Kohl es den Heimkindern im Osten versprach, aber besser als vorher. Das gesicherte Dahinsiechen ist vorbei. Alles ist in Bewegung geraten, die lebenslangen Frührentner fangen an, ranzuklotzen wie sonst nur am Wochenende auf der Datscha. Der chronische Bummelstreik ist beendet. Auf einem Arbeitsplatz werden sich nicht drei abgestumpfte Leute räkeln. Clevere Beutelschneider werden die schnelle Mark machen, die Schwächeren werden übers Ohr gehaun und doppelt ausgenommen. Neue Reiche, neue Arme, das ist kein Weltuntergang.

Nach dieser Schwemme geschichtsschwerer Tage schmiß ich mich endlich mal wieder in die Nordsee. Vor lauter Windhaschen und Weltbewegen kommt man kaum noch zu solchen wichtigen Nichtigkeiten. Angesagt war, mir Stachel genug, an diesem Tag Badeverbot. Ein Weststurm warf gewaltige Wellen gegen den Strand. Ich schaffte es nicht, durch die Brandung zu kommen. Die Wellen schmetterten meine 140 Pfund zu Boden. Aber dann rissen die zurückflutenden Wassermassen mich mit Macht seitwärts vom Strand weg ins Tiefe und drückten mich gefährlich gegen die Buhnen. Ich hatte Angst und fühlte mich.

Lieber Lew, so ängstlich mag es jetzt der Christa Wolf gehn in den Pressewellen. Und so haben jetzt Leute in der DDR überhaupt Angst um Mieten und Löhne und um den Milchpreis. Aber gemessen an der halben Menschheit, für die gar kein Land in Sicht ist, plantschen wir Deutschen alle in der Badewanne.

Ach und der Presseschaum! Früher nagelte man den Dummen das Brett vorn Kopp – heute macht man aus dem Holz vorher Zeitungspapier. Die Produktivität der Industriegesellschaften ist verheerend. Druckereimaschinen und Papier kann man beliebig kaufen. Immer neue Blätter und Blättchen finden Kunden. Aber die Produktion geistiger Substanz kann man nicht so beliebig erweitern wie die Palette kommerzieller Medienprodukte.

Abgebrochene Lehrer und arbeitsscheue Sozialarbeiter, allerhand verhinderte Dichter und lungernde Knittergenies schmieren irgendwelche Artikelchen zusammen und füllen das leere Papier mit ihren Nichtigkeiten. Am greulichsten sind unberühmte Journalisten, die hochkommen wollen. Nebenbeischreiber, die auf den Putz haun, die ihren Mangel an Kompetenz durch Rotzigkeiten ersetzen und die jeden Tag über etwas schreiben müssen, wovon sie nichts wissen. Ich lese kaum noch Kritiken. Auch die lobenden sind daneben und oft blamabler als Verrisse.

Lieber Lew, das war im Stalinismus schlimm, Du kennst es aus Moskau und besser als andre. Ein kleines kritisches Wörtchen in einem Prawda-Artikel über einen Schriftsteller – und schon war seine Existenz vernichtet. Als ich in den Westen geriet, las ich jede Kritik mit diesem Blick. Und wenn irgendein Idiot sich auf meine Kosten profilieren wollte, dann bildete ich mir hysterisch ein, er sei dazu von höheren Mächten, von meinen wohlorganisierten Feinden angespitzt und auf mich gehetzt worden. Die banale Wahrheit begriff ich nur langsam: Hier im Westen darf jeder Plattkopf wie er will und kann, wenn es sich nur verkauft. Am besten fährt man noch mit wirklich etablierten Journalisten in etablierten Blättern. Nur wer es schon geschafft hat auf dem Markt, der leistet sich gelegentlich eine Meinung und spricht lieber von Angelegenheiten, die er versteht. Schirrmacher und Greiner gehören in diese Kategorie, sie haben einen Streit angefacht, der fällig ist.

Wichtiger als das, was über uns geschrieben wird, ist sowieso unsere Schreibe. Wir haben die längere Puste und haben eigentlich gut Lachen. Ich freu mich über die Veränderungen. Der historische Stoff für die Lieder ändert sich. Aber wann war das je anders? Als ich 1965 verboten wurde, orakelten etliche Eunuchen, das Verbot würde mich impotent machen. Als ich dann 1976 aus dem DDR-Boden ausgerissen wurde, prophezeiten allerhand Schrebergärtner, die mich offenbar für ihren Strauch halten, vom Biermann würden rote Johannisbeeren nun nimmermehr zu ernten sein.

Inzwischen ist die DDR krepiert und wird ohne Pomp beerdigt. Prompt sorgen sich Leute, die nie was zustande brachten, ich würde nun nichts mehr zustandebringen. Meine Fresse, diese Angst hatte ich von Anfang an selber. Die Musen kann man eben nicht zwingen.

Wenn dieser großdeutsche Kuddelmuddel vorüber ist, zählen sowieso nur unsere Romane, Stücke, Gedichte und Lieder. Das ist mir Trost und Stachel genug. Ich freue mich auf die nächste Erzählung von Christa Wolf und bin gespannt, ob der wortgewaltige Heiner Müller demnächst in der Geschichte doch einen Sinn entdeckt. Daß Günter Kunert immer wieder das liefert, was Marcel Reich-Ranicki ironisch »gute Ware« nennt, da bin ich sicher. Und Jürgen Fuchs, den ich so bewundere, wird noch Prosa schreiben, die uns satt macht wie das gute trockene Brot der Gerechtigkeit.

Gewiß, ich sehe schwarz, will sagen: schwarz-rot-gold. Elftens ärgert mich, daß es in Deutschland anders wurde, als ich dachte. Aber erstens bis zehntens freue ich mich, daß die verfluchte Tyrannei zerbröselt ist. Das Fest ist gelaufen, viel Hoffnung wurde wie Fusel gesoffen. Das macht einen schweren Kopf. Und so singe ich nun gegen den linken Kater an:

> *Wer Hoffnung predigt, tja, der lügt. Doch wer*
> *Die Hoffnung tötet, ist ein Schweinehund*
> *Und ich mach beides und schrei: Bitte sehr*
> *Nehmt, was ihr braucht! (zu viel ist ungesund)...*

Ach und die Utopien. Nur wer sich ändert, bleibt sich treu!
Sie steigen auf und leuchten und verbrennen und verblassen
und gehn halt unter. Na und?! Die Sehnsucht der Menschenkinder nach einer gerechteren Gesellschaft wird mit jeder
Generation neu geboren. Wir können gar nicht anders und
wolln es auch nicht.

Im Gehirn der Riesenkrake
Bericht eines Hungerkünstlers über eine Besetzung
(21. September 1990)

Die letzten Tage der DDR. Wir sind nun seit zehn Tagen hier
und davon fünf Tage im Hungerstreik. Okay, ich schreibe
was. Aber neben mir schnarcht ein Menschheitsretter. Im
Flur hockt eine Gruppe und lacht wütend über den Atom-
bomben-Eppelmann. Die Jungs im Nebenraum ziehen sich
irgendeinen Killerstreifen rein. Ich höre das brutale Gebrülle,
die Schläge, das Todesröcheln, die Dialogfetzen. Dreht doch
mal die Glotze leiser! Und sie rauchen wie die Teufel. Die
Jungen mehr als die Alten, die Weiber noch schlimmer als die
Kerle. Was gehts mich an, ich bin im Osten.
Schlafsäcke und Isomatten. Es ist eng, wir hausen hier munter wie ein *roi des rats,* falls du ahnst, was das bedeutet. Und
die Hungerei macht gar nicht so aggressiv, wie ich dachte.
Seit letzten Donnerstag trinken wir nur noch. Norwegisches
Wasser aus Pappkontainern. Lübecker Früchte-Tee oder
Kaffee aus Bremen. Und Gemüsesaft aus Schwaben. Ja, ich
trinke hier Wasser aus Norwegen – die Erde ist ein bateau
ivre. Auch das ist die neue Zeit: es gibt im Osten fast nur
noch Westzeug zu kaufen.
Hungerstreik – das klingt so melodramatisch. Wir sind gut-
genährt. Alles ist halb so wild, aber ein sanftes Druckmittel.
Und der Hunger stachelt schön die Phantasien. Ein Rump-
steak mit Oliven und Rapunzelsalat segelt als Wolkenbild
quer durch den ungeteilten Himmel in Berlin.
Wir haben uns festgesetzt im Gehirn eines geistlosen Kör-
pers. Eingenistet haben wir uns in der Großhirnwindung
eines vielohrigen Riesenkadavers. Wir halten ein paar Zellen
der verhaßten Firma dort besetzt, wo ihr Gedächtnis sitzt:
das Akten-Archiv.

Aber die Stasi-Leiche lebt noch. Sie hängt in der postrevolutionären Intensiv-Station an allerhand Geräten. SED-Herzkreislaufmaschine und NDPD-Urinflasche, LDPD-Nierenwäsche, CDU-Sauerstoffschlauch. Künstliche Ernährung aus geheimen Konten. Dunkle Gelder fließen der alten Machtelite durch die Schläuche ins Nasenloch. Die Stasi macht gefährliche Dokumente unter sich weg. Die belastenden Exkremente werden heimlich beiseite geschafft. Verdiente Mörder des Volkes im Arztkittel, bewährte Folterer spreizen sich als unentbehrliche Techniker. Achtzig ehemalige Stasimitarbeiter arbeiten tagtäglich im Aktenarchiv in drei Sälen unter der strengen Aufsicht von zwei zivilen Männeken vom Staatsarchiv. Es ist zum Totlachen. Die Stasi-Archivare verlassen das Gelände allabendlich ohne irgendeine Taschenkontrolle.

Nein, ich gebe mein Pionier-Ehrenwort, Minister Diestel war nie bei der Stasi. Der Beweis? Es gibt keine Akte über ihn! Und der Ministerpräsident mit dem Zickenbart, unser Blockfreund de Maizière hatte mit Mielke niemals nicht keinen Vertrag, das pfeifen in der DDR die Spatzen von den Dächern. Die alten Betriebsleiter und ihr Parteisekretär und immer wieder auch schnell noch eingestellte hohe Stasioffiziere haben die VEBs in GmbHs umgewandelt und lassen sich in der Bundesrepublik in Schnellkursen als Geschäftsführer auf Marktwirtschaft trainieren. Als das Volk vor einem Jahr durch die Straßen zog und rief: Wir sind das Volk! – da standen diese etablierten Schweinehunde grinsend hinter der Gardine und sagten: Klar, ihr seid das Volk, ihr Trottel – und das bleibt ihr auch!

So ist die Lage. Die gelernten Untertanen taumeln nun im aufrechten Gang von einer Unmündigkeit in die nächste. Aber es gibt auch noch andere Zeitgenossen.

Am 4. September, also knapp einen Monat vor dem großdeutschen Jubeltag, gelang sechs Frauen und fünfzehn Männern ein Coup. Sie drangen ein in den leergeräumten Seitentrakt des Zentralarchivs. Sie brachen eine Tür auf und besetzten im zweiten Stock des Hauses Nummer 7 einige Räume und verteidigten sich gegen eine Horde hysterischer Polizisten, die sie wieder rauszerren wollten.

Katja Havemann, die Witwe meines Freundes Robert, gehört zu den Besetzern. Auch Bärbel Bohley und Ingrid Köppe sind dabei, auch Hans Schwenke, ein gestandener Stasiauflöser. Mit uns, zwischen geleerten Panzerschränken und ausrangierten Schreibtischen, haust auch Reinhard Schult, ein populärer Oppositioneller mit Knasterfahrung. Und zu den Besetzern gehört auch Christine Grabe, eine Abgeordnete der Volkskammer. Schult war Maurer im Schlachthof und ist nun, vom Runden Tisch eingesetzt, »Abteilungsleiter der Operativgruppe im Komitee zur Auflösung des Amtes für nationale Sicherheit«. Was für ein Wörtermonster, aber ich verstehe, er soll die Firma MfS/ AfnS liquidieren, genauer: er soll nicht.

Zuhaus in Hamburg hatte ich von diesem Coup gehört. Und ich wollte dabei sein, schon aus sentimentalen Gründen, die ja erlaubt sind. Meine Akten. Meine Leute. Einen Tag später stand ich mit allerhand Volk vor dem grauen Stahltor in der Ruschestraße, etliche wollten, wie einst am 15. Januar, durch und rein ins Stasigelände.

Die Männer einer Hundestaffel machten ihre Köter flott. Ich versuchte, mich durch die Sperre zu drängeln. Eine Polizistenkette formierte sich, Grün Grün Grün. Das sind im Osten die zuverlässig Grünen, liebe Antje Vollmer. Sie trugen die neuen weißen Helme und hielten die schicken Plastikschilde aus Westberliner Beständen vor sich und krallten ihre altbewährten Gummiknüppel aus dem Osten.

Ich hatte Glück, womöglich irritierte mein zeröffentlichtes Gesicht die Uniformierten, egal dumpfer Mythos oder bunte Legende, irgendwie verwechselten sie mich mit Biermann und ließen mich durch. Die Volkspolizisten sind auch nicht mehr, was sie mal waren. Die Büttel von gestern denken nur noch darüber nach, ob sie im nächsten Leben beamtete Bullen werden dürfen. So drang ich glücklich durch zu meinen Freunden und gehöre seitdem zu den Besetzern.

Minister Diestel ließ seinen Beamten Eichhorn gegen uns Strafanzeige wegen Hausfriedensbruchs erstatten. Es ist zum Lachen und zum Weinen. Dies hier ist kein Haus, Mensch! Und Frieden, den man brechen könnte, gab es hier nie.

Die Zentrale des MfS in Ostberlin ist ein Gebäudekomplex, nein, eine Art Stadtteil, der sich über mehrere Straßenzüge erstreckt: Normannenstraße, Ruschestraße, Magdalenenstraße, Glaschkestraße, Frankfurter Allee, Roedelinsplatz und Gotlindestraße. Graue Steinkolosse aus den Fünfzigern, schwer verschachtelte Gebäude, vollgestopft mit Technik, und der »Regierungs-Nachrichten-Würfel« mit seinen Richtfunkschüsseln, ein antennenstrotzender Tempel der Allmacht. Die versiffte U-Haftanstalt, integrierte Altberliner Wohnhäuser, aber auch moderne Betonbunker mit abertausend erblindeten Augen, und all diese Fenster sind nun tot. Es gibt hier auch ein modernes Kaufhaus für die Mitarbeiter, sie sollten nicht mit dem Pöbel Schlange stehn müssen.

Man findet dieses Areal ungefähr einen Kilometer östlich von den Zuckerbäckerbauten aus der Stalinzeit, links an der Frankfurter. Rechts gegenüber stehen die vielen neuen Hochhäuser, dort wohnt die Mehrheit der über 30 Tausend gefeuerten Mitarbeiter, die hier einen bequemen kurzen Fußweg zur Arbeit hatten.

Hier residierte also der Mörder Erich Mielke, hier spielte er kindisch mit Menschenschicksalen wie jetzt mit Bauklötzen. Und hier in der »HVA«, ein Bau mit über zweitausend Fenstern, trieb der bekannte Schriftsteller Markus Wolf als Chef der »Hauptverwaltung für Aufklärung« seine literarischen Studien.

Wer als Opfer in diesen Fleischwolf geriet, muß sich sicher gewesen sein, daß er auf immer verloren ist. Und wer hier tagtäglich als Offizier seine Überstunden schob, der wußte: die DDR dauert ewig. Der Gedanke, daß die Tyrannei jemals zusammenbrechen könnte, ist in dieser Architektur undenkbar.

In den letzten Wochen vor der Wende soll der Stasi-Minister nur noch hektisch vor sich hingebrabbelt haben, er unterhielt sich mit dem Gipsabguß von Lenins Totenmaske auf seinem Schreibtisch. Seine Lakaien im Generalsrang hoppelten hinter Mielke her und haschten devot nach dem Sinn seiner wirren Worte. Aber manchmal soll er geschrien haben: »Das ist alles eine Frage der Macht, Genossen! Und wer hat hier die Macht? – Wir!!« brüllten dann die Untergebenen. Und dann beruhigte sich der Alte wieder.

Es gibt in Ostberlin vier weitere Komplexe des MfS dieser Größenordnung: in Lichtenberg, in Karlshorst, in Hohenschönhausen und in der Wuhlheide.

Es gab 9500 gesonderte Stasiobjekte allein in Berlin: Eine Riesenkrake. Aber hier ist der Kopf. Und hier lagern die Akten.

Es gibt sehr verschiedene Akten: Personen-Dossiers, in denen staatsfeindliche Wichtigkeiten und privateste Nichtigkeiten stehen, wobei die Spitzel zumeist mit Decknamen oder als »Quelle« genannt sind. Es gibt aber auch sogenannte Quellenakten, die Auskunft über die Spitzel und sonstigen Mitarbeiter geben. Und drittens gibt es die »Vorgangsakten«. Sie geben Auskunft über die Aktivitäten von oppositionellen Organisationen und Gruppen, und sie liefern Faktenmaterial über »Zusammenrottungen«, über bespitzelte Kirchentage und Kongresse.

»Ich will meine Akte« – das ist eine populäre Forderung der Opfer. Auch ich habe erst hier begriffen, daß damit nur diese Personenakte gemeint ist. Wir denken, daß kein anderer als der Bespitzelte das Recht hat, über seine Akte zu entscheiden. Auch darum geht hier der Streit. Wer weiß im Westen schon, daß kein politischer Häftling in der DDR jemals sein Urteil in die Hände kriegte. Wie soll so einer jemals Wiedergutmachungsforderungen vorbringen, wenn er nicht einmal beweisen kann, daß er viele Jahre saß, warum er saß und wie er körperlich und seelisch gefoltert wurde. Es gab in der DDR hunderttausende Fälle von Berufsverboten, Lernverboten auf allen Ebenen. Unbotmäßige Geister wurden in einem Ausmaß und mit einer Konsequenz vernichtet, die für die meisten Linken unvorstellbar ist, die immer so tapfer gegen Berufsverbote im Westen kämpften. Wie kann es eine Rehabilitation geben ohne dieses Beweismaterial? Akten aller Art sollen als historisches Material für die Forschung gesichert werden.

Am 24. August dieses Jahres faßte die demokratisch gewählte Volkskammer einen einmütigen Beschluß, über den Umgang mit den 6 Millionen Stasiakten. Und sie bekräftigte ein paar Tage später, auch mit großer Mehrheit, daß dieses Gesetz unbedingt in den Einigungsvertrag als weiter geltendes Recht aufgenommen werden soll. Dieses Gesetz sieht vor, daß die Akten bleiben, wo sie sind, also in Berlin und in den Bezirken, das heißt nun: in den fünf neuen Ländern. Die Akten sollen gesichert und den Betroffenen zugänglich gemacht werden. De Maizières Unterhändler Dr. Krause war also gehalten, diesen Willen des Parlaments in Bonn bei den Verhandlungen mit Nachdruck zu vertreten. Zudem sollen die Stasiakten von keinem Geheimdienst genutzt werden, auch nicht vom Bundesverfassungsschutz. Dies allein schon deswegen nicht, weil die Stasi-Akten mit Methoden angelegt wurden, die nicht rechtsstaatlich sind und weil sie Bereiche erfassen, die nach demokratischem Recht nie und nimmer von irgendeiner Behörde gegen Bürger ausgeschnüffelt werden dürfen.

Ein Skandal ist nun deutlich geworden. Der clevere Staatssekretär hat in diesem höchstwichtigen Punkt offenbar eine Laxheit gemimt, die ihm hier keiner glaubt. Krause log offenbar, als er den Besetzern versicherte, das Stasi-Akten-Gesetz der Volkskammer habe auf seiner sogenannten Positivliste gestanden, das bedeutet, er wollte es ohne große Abstriche in den großen Vertrag einbauen. Er tat so, als hätte die Gegenseite brutal abgeblockt.

Oskar Lafontaine hat nun den Besetzern die peinliche Wahrheit gesteckt: Krause & Co haben in Bonn in Bezug auf Stasiakten und Rehabilitation der Opfer überhaupt auf nichts beharrt. Und so ist es nicht die Schuld der Westdeutschen, daß all das nicht in den Einigungsvertrag gelangte.

Von wegen: Nichts mehr zu machen, nichts mehr zu ändern, von wegen Vogel friß oder stirb! Die Besetzer haben nun immerhin erzwungen, daß das endgültig festgezurrte Paket des Einigungsvertrages doch noch einmal aufgeschnürt wurde. Es wurde neu verhandelt.

Dabei wissen wir selber: die größeren Verbrecher sind längst über alle Berge. Minister Diestel sagte es mir schon vor Wochen: Die wichtigsten Akten sind sowieso verschwunden. Inzwischen habe ich hier gelernt, daß Akten nicht nur verschwinden, wie man so denkt. Die 4 Millionen Akten über DDR-Bürger und die 2 Millionen über Westdeutsche ergeben aneinandergereiht ungefähr 176 Kilometer Dreck.

Diese Akten sind aber nicht alphabetisch geordnet, wie ich dachte. Man findet eine Akte nur, wenn man in der zentralen Suchkartei »F 16« den Namen findet und dazu den Code, der allein den Weg zur Akte weist. Man muß also nur diese eine Karteikarte klaun, und schon verschwindet die gesuchte Akte wie eine Träne im Ozean. Auch habe ich erfahren, daß Sicherheitskopien der »F 16«-Kartei existierten, die aber vernichtet wurden. Und die elektronischen

Suchhilfsmittel, die fetten Computerbänder, wurden, wir haben es im Fernsehn diesen März gesehn, fachgerecht zerfetzt.

Und – traurige Ironie – die gutgläubigen Stasiauflöser aus den Bürgerkomitees und vom Runden Tisch, sie haben damals dieser Vernichtung zugestimmt, weil sie sich einschüchtern und belügen ließen. Sie ließen sich ins Bockshorn jagen mit der Drohung, man müsse verhindern, daß der Bundesverfassungsschutz nach den Wahlen einen all zu schnellen Zugriff hat.

Als Krönung des Zynismus erweist sich aber dies: gemäß interner Absprache durfte die HVA bis zum 30. Juni dieses Jahres jede beliebige Karteikarte vernichten. Begründung für dieses Privileg: wir müssen unsere treuen und selbstlosen Kundschafter in den USA vor dem Elektrischen Stuhl retten... Gerettet wurden alle hochkarätigen Lumpen.

Kurz: Sie haben uns über den Tisch gezogen und zwar auf allen Ebenen. Die meisten Richter werden wohl Richter bleiben, genau wie nach 45 im Westen. Die Polizisten bleiben Polizisten. Die Chefs bleiben Chefs. Das Häuflein Aufrechter bleibt ein Häuflein. Die aufrichtigen Menschen haben weder Seilschaft noch Mafia hinter sich und haben auch keine geheimen Konten beim Klassenfeind von gestern.

Aber trotzalledem hat sich dieses Land radikal gewandelt. Man kann wieder atmen. Einer von den Polizisten, die uns hier scharf bewachen, sagte: »Ich hasse euch. Ihr seid schuld, daß hier alles anders gekommen ist. Und wenn ich jetzt den Befehl dazu kriege, schlage ich euch kaputt. Ich hab Familie.« Der Mann sagt nichts als die Wahrheit: Ja, wir sind schuld. Ja, er wird prügeln. Ja, und dieser Breitarsch hat eine Frau, und er formt seine Kinder nach seinem Ebenbild. Aber wir haben auch andre, die ähnlich denken und fühlen wie wir und die lernen wollen, wie man dem Gesetz gehorcht und nicht den arroganten Stasifatzkes.

Die allermeisten im Osten haben große Ängste, aber zugleich größere Hoffnung. Und dieses Hoffen ist begründet. Ich bin tausendmal froh. Traurigkeiten kommen sowieso. Mich kotzen Leute an, die jetzt nur jammern und klagen. Der Streit um mehr Menschlichkeit ist alt wie die Menschheit, und er tut weh. Freiheit aushalten tut eben weh. Die friedliche Revolution vor einem Jahr hat nicht die Tür zum Paradies aufgestoßen, aber doch das Tor in die Welt.

Es wird neue Konflikte geben und neue Träume. Wir erobern uns andere Verzweiflungen und andere Glückseligkeiten, vor denen ich mich nicht fürchte. Und wenn wir uns selbst geholfen haben, dann werden wir auch die Hände frei kriegen, um anderen zu helfen. Wir überkomplizierten reichen Deutschen gehören nämlich nebenbei noch zur Menschheit.

Über das Geld
und andere Herzensdinge

(16. November 1990)

Glaube Liebe Hoffnung. So predigt es Paulus in der Bibel. Aber das Geld ist das Größte unter diesen dreien. Der Schaum auf der Welle ist nicht die Welle. Und die Welle ist nicht die tiefere Strömung. Zeitgeist ist nicht Geist. Und Geist ist nicht Geld. Aber Geld kann Kapital werden. Hoppla, immer langsam mit die alten Pferde!

Worte sind Schaumkronen auf des Meeres und der Liebe Wellen. Sowas alles wäre Schaum: Die Ideen, die Moden. Die politischen Skandale. Literatenabwiegerei im Feuilleton. Eierköpfe reagieren empfindlich auf philosophische Gewitter. Die Gedanken sind frei? Denkste! Zensur alarmiert die Schriftsteller. Aber Selbstzensur aus Angst vor dem Markt oder aus Angst vor dem Knast wirkt beruhigend.

Skandal! Ein Verfassungsfeind durfte in Düsseldorf nicht Beamter werden. Unerhört! Ein Wahlkämpfer hat in Kiel seinen Konkurrenten bespitzeln und rufmorden lassen. Unglaublich! Ein Stasiopfer in Leipzig entpuppt sich als Spitzel. Kunststück! Ein V-Mann des bundesdeutschen Geheimdienstes sprengt ein Loch in den Knast von Celle! Schweinerei! Kronzeugenregelung für die verspießerten RAF-Terroristen aus der Obhut der Stasi. Typisch! Keine Gnade für verurteilte Terroristen, die im Land blieben und sich redlich läuterten. Jeder beliebige Dr. Dieter Dehm wird mir da verständnisinnig zustimmen: Ein ehemaliger Stasi mehr oder weniger im Großdeutschen Bundestag macht den fetten Kohl auch nicht fetter.

Populistische Allerweltsprediger verkaufen auf dem Meinungsmarkt kranke Sonderinteressen als gesunden Menschenverstand. Norbert Blüm. Ein gefürchteter Oberaufseher aus der Hauptverwaltung Ewige Wahrheiten kämpft im PEN der DDR für die Freiheit des Wortes. Alles Schaum. Klaus Höpcke. Abschaum auf der Welle.

Und Biermann himself? Wer von Euch ohne Schuld ist, der werfe den zweiten Stein. Ich schmiß im Getümmel auf Reiner Kunze mit einem Stein, den eine deutsche Dichterin mir in die Hand drückte. Und nun beweist Kunze mit einem veröffentlichten Auszug aus seinen Stasiakten, daß er schon immer und von Anfang an antistalinistisch war, edel, hilfreich und gut. Nun kommt mir die Einsicht, daß auch wer nicht selber im Glashaus sitzt, das Steineschmeißen besser lassen sollte.

Auch das ist Schaum auf der Welle: Kleine Lügen im hehren Gewand höherer historischer Wahrheit. Längst vergessen: Rechtsanwalt Gysis allererster Auftritt auf der Weltbühne war eine Tartüfferie. Vor Millionen Menschen auf dem Platz und an den Glotzen feierte er am 4. November '89 auf dem Berliner Alexanderplatz ausgerechnet Honeckers Nachfolger Krenz als den Retter von Leipzig.

Schnur, Diestel, Eppelmann, de Maizière
Ihr kommt aus dem gleichen Stall:
Ein Schwein, das Freiheitslieder grunzt
Wird nie eine Nachtigall.

So ein Vers gegen diese Schaumschläger ist selbst Schaumschlägerei. Und solche schlechten Späße wären auch gut für ein garstiges Liedchen: Ein smarter Rechtsanwalt läßt für die PDS die Millionen aus dem alten blutigen Strickstrumpf der SED fingern – aber der Kopf kennt seine Hand nicht und die Hand nicht ihre eigenen krummen Finger. Gregor Gysi. Sein Charme aus Selbstironie und Chuzpe ist eine kostbare Seltenheit, und schon deshalb bereichert dieser Mensch die armselige Streitkultur im ersten großdeutschen

Parlament. Aber der schönste Charme ist auch nur Schaum auf der Welle.

Mich haben die Wellen hinundher geworfen. Ich schrieb über den Tod der kommunistischen Idee und auch darüber, wie der stinkende Kadaver endlich unter die Erde kommt. Ich spekulierte vor einem Jahr noch über die Chancen einer Auferstehung des Kommunismus in neuem historischen Gewand.

Das alles sind des Meeres und der Lüge Wellen. Worteschaum. Aber über die tiefere Strömung weiß ich wenig: Die Wirtschaft, der Weltmarkt, das Kapital. Das Geld.

Eben dort spielt sich auch im vereinigten Deutschland das eigentliche Drama ab. Kohls wohltuende Lügen und Lafontaines ätzende Wahrheiten über die Kosten der Einheit sind auch nur zwei verschiedene Taktiken des Wählerfangs. Für das große Geld ist es unerheblich, ob Diestel genau so ein Ehrenmann ist wie Barschel. Es ist schnurz, ob der Wildschwein- und Menschenjäger Mielke wirklich den berühmten »Jagdschein« des geistig Unzurechnungsfähigen hat. Für Gauner, die jetzt in der DDR die schnelle Mark machen, ist es egal, ob Erich Mielke merkt, daß sein Diensttelefon gekappt ist. Die Mafiosos der Hauptverwaltung Aufklärung (HVA) haben von Wirtschaftsspionage auf Kooperation umgeschaltet. Nun plaudern sie mit ihren Funktelefonen von Siemens mit den westlichen Konzernbossen wie vordem auch.

Für uns Gehirnakrobaten war die Stasi immer nur die verhaßte Gehirnkrake, ein gefürchtetes Spitzelsystem, eben die Firma »Horch & Guck«. Inzwischen schwant mir, sie war all dies nur nebenbei. Das MfS war hauptsächlich ein Wirtschaftskoloß, und der wird durch kein Dekret einfach umgepustet. Die Staatssicherheit hatte nicht nur Konten in aller Herren Länder, sondern betrieb selber Banken von Singapur bis Peru und Chile und Kolumbien und Canada.

Nicht die dreckigen kleinen Spitzel mit den Spitznamen Rothose, Blaujacke, Schiefmaul und Mehlhose hinter mir auf der Straße, nicht die Postschnüffler und nicht die Abhörwanze hinter der Scheuerleiste im Wohnzimmer, sondern Ersatzteile für MIG-Düsenjäger, Kupfer, Weizen, Giftgas, Schweinefleisch, Nachtsichtgeräte für Panzer, Zement, Butter, Computer, Öl.

Jetzt, da die Religion des Marxismus so häßlich verstorben ist, erinnert man sich an einen, der gewiß kein Marxist war: an Karl Marx. Wenn der überhaupt was rausgekriegt hat, dann eben die Einsicht in die schwer unterschätzte Bedeutung der Ökonomie. Und wenigstens diese fundamentale Entdeckung wollen wir scharf im Gedächtnis behalten.

Die politische Unterdrückung im Osten hatte sich dermaßen verselbständigt, daß mancher schon drauf reinfiel und glaubte, sie habe sich wirklich verselbständigt. Ich jedenfalls denke, daß der ganze politische Druck nie Selbstzweck geworden war. Er blieb immer und knallhart das Mittel zur Absicherung der Ausbeutung. Auch die feudalsozialistischen Privilegien waren nur eine verkappte Form von Geld.

Macht um der Macht willen – ich vermute, das gibt es gar nicht. Etliche Psychologen reden sowas, es paßt ihnen ins Fach. Wenn du näher hinschaust, gibt es gar keinen reinen Machtmenschen. Frei nach Brecht: Erst kommt das Fressen, dann kommt die Unmoral.

In den letzten drei Wochen vor der Deutschen Einheit gehörte ich zu den 23 Verrückten, die in der Ostberliner Stasizentrale ein paar leere Büroräume des Archivs besetzten. Man hörte davon. Der Streit ging um die 6 Millionen Stasi-Akten.

Nur einmal in diesen munteren Tagen ging es mir elend. Uns besuchte im Stasiarchiv ein Maler aus Erfurt, ein Mann mit einem waldschratigen schwarzen Rauschebart. Es war der populäre Bürgerrechtler »Fritz« Mathias Büchner. Mit seinem Ausweis als Stasiauflöser ließen die uniformierten Wachhunde ihn zu uns durch. Büchner wird von den alten Staats- und Parteigangstern gefürchtet. Er wird gehaßt von denen, die sich jetzt ins Loch verkrochen und mehr noch von denen, die in dubiosen Startlöchern sitzen.

Mit ihm kam auch eine Berliner Schnodderschnauze, der Bürgerrechtler Ralf Merkel, zweitoberster Stasiauflöser der DDR, eingesetzt vom Runden Tisch. Um beide muß man Angst haben. Sie wissen selbst, daß sie zu viel wissen – und zwar nicht nur vom Schaum. Sie kennen die Hintergründe, die Namen und Firmenadressen im großen Geschäft mit dem ökonomischen Zusammenbruch einer einstmals blühenden Mißwirtschaft.

Die beiden sprachen halb flüsternd, stockend, in Andeutungen und Kürzeln, ein Stasiauflöserwelsch, das ich nicht verstand. Es ging um fünfzehn offizielle Halunken in Leipzig, Dresden, Erfurt, Schwerin und anderen Bezirksstädten. Treuhänder – ein Wort, das in meiner Nase sowieso nach schwerem Betrug riecht. Aber davon später.

Ins Amt gehieft wurden diese Wirtschaftsverweser von Modrow. Gehalten von de Maizière, sicherten sie den geordneten Rückzug ihrer alten Genossen, die Herrschaft des Honecker-Apparats unter neuen Bedingungen. Es ging um Milliardenbesitz und um Millionengeschäfte ehemaliger Offiziere im besonderen Einsatz. Es ging um den – damit sie dann gar nicht mehr zu retten ist – hinausgezögerten Bankrott der Maxhütte Unterwellenborn. Ich schnappte was auf von einer vorgetäuschten Galgenfrist für den VEB Mikroelektronik Erfurt. Von irgendwelchen arabischen Waffengeschäften des gefürchteten Generaldirektors Wolfgang Biermann vom VEB Karl-Zeiß-Jena war die Rede. Es ging um die Rolle der HVA bei der Abwicklung von Großgeschäften mit den Multis im Westen. Mir schwirrten Namen und Zahlen um die Ohren.

So hatte sich der kleine Marx die Löcher im Käse nicht vorgestellt, ich begriff weniger als Nichts. Aber so viel doch: Jahrzehntelang hatten die Agenten der HVA des Markus Wolf Spitzenmanager westlicher Großkonzerne erpreßt. Wenn immer die DDR mit westlichen Partnern in Verhandlungen eintrat über Preise und Lieferfristen, über Qualität und Zahlungsbedingungen, oder auch bevor man die Konditionen eines anachronistischen Ware-gegen-Ware-gegen-Ware-Handels auspokerte, wurden die kapitalistischen Kontrahenten vorher geheimdienstlich bearbeitet.

Man schickte ihnen Stasi-Nutten in die Hotelzimmer und pflanzte ihnen Abhörgeräte ins eigene Büro. Der DDR-Unterhändler wußte von seinem Gegenüber alles: wie groß sein wirklicher Verhandlungsspielraum war, mit welcher Sekretärin er seine Frau wie und wo und wann betrog. Er wußte, ob sein Gegenüber ein Spieler, ein Säufer oder ein Fixer ist, er wußte von seinen perversen Schrullen und seinen Steuerschulden, er kannte seines Gegenübers Erpreßbarkeiten. Es muß ein höllisches Vergnügen sein, dermaßen ausgerüstet in Verhandlungen zu gehn.

Nach der Wende aber hat sich auch dies gewendet. Der jahrelang dermaßen erpreßte Wirtschaftsmanager hat den Spieß umgedreht. Er manipuliert heute seinen Erpresser von gestern, denn er weiß ja von dessen Stasivergangenheit. Die aber, sobald sie öffentlich gemacht wird, kann ruinöser sein als ein kriminelles Kavaliersdelikt mit dem Finanzamt. Wer es mit Erich Mielke getrieben hat, ist im neuen Deutschland verwundbarer als ein Geldwäscher der FDP.

Der Erpresser von gestern hat sich bald nach der Revolution im Auftrag des Erpreßten und mit Hilfe alter Kumpel flott in den Geschäftsführer einer GmbH verwandelt oder in den Direktor einer Holding. Und er hat nun die Aufgabe, das kranke Unternehmen vollends in den Bankrott zu treiben. Sein alter Partner im Westen will kein geschwächtes, sondern ein liquidiertes Unternehmen für einen Schrottpreis kaufen. Er will nicht die Belegschaft übernehmen müssen. Er will keine Sozialpläne für die zu entlassenden Arbeiter auf dem Hals haben.

Und wenn nun die IG-Metall eine Notbremse bis zum 30. 6. 91 gegen Entlassungen eingebaut hat, um so besser, dann ist der Betrieb bis dahin an den Lohnkosten sowieso krepiert.

Die sozialen Altlasten können teurer kommen als die chemischen. Soviel verstand ich: der westliche Abdecker braucht den VEB nicht als häßlichen Kranken, sondern als eine schöne Leiche.

Es gibt keinen selbstlosen Kolonisator, kaum einen Befreier ohne Rechenmaschine und keinen Treuhänder ohne Taschen. Alle wollen ihren Schnitt machen: Die großen Kapitalisten langfristige Gewinne, die kleinen Gauner schnelle Surplusprofite. Und die Politiker rechnen in Wählerstimmen.

Das stößt den kleinen Leuten im Osten bitter auf: die mit ihrer sozialistischen Planwirtschaft gescheiterten Partei-Chaoten kriegen die kapitalistische Kurve viel eleganter als die ausgepowerten Proleten. Manche kleinen Leute hängen den Illusionen vom großen sozialen Frieden länger nach als Funktionäre, die ihnen die Lüge von der »sozialistischen Menschengemeinschaft« grad eben noch eingebläut hatten.

Die Arbeiter haben nicht gelernt, ihre Arbeitskraft gut zu verkaufen. Seit 1933 ist vergessen, was Gewerkschaften sind. Die bombastischen Phrasen vom Klassenkampf sind geplatzt, der wirkliche mickrige Klassenkampf um ein paar Mark beginnt. Die einfachen Leute fürchten sich davor und erlernen die Spielregeln der Marktwirtschaft mit größerer Scheu als die Ideologen, die das Ostvolk immer vor der Barbarei des Kapitalismus gewarnt hatten. Das eine Jahr zwischen Revolution und Wiedervereinigung war überhaupt das Jahr der klammheimlichen Umwandlung von sozialistischem Raub in bürgerliches Eigentum. Im Großen wie im Kleinen.

Die Richter und Staatsanwälte des alten Regimes absolvieren jetzt bundesdeutsche Lehrgänge zur Umschulung. So auch die Wehrwirtschaftsführer der volkseigenen Industrie. Die realsozialistischen Lumpen von gestern haben Millionen an Land gezogen und lernen jetzt in Intensivkursen, wie man aus Geld Kapital macht. Man nehme: lebendige Arbeitskraft plus tote Arbeit: Maschinen, Werkzeuge und Gebäude und Rohstoffe, rühre mit dem Marketinglöffel kräftig um – und schon »arbeitet« das Geld. Pipi-eier-leicht, wie mein Sohn Til sagt.

Robert Havemann, der oppositionelle Philosoph und Naturwissenschaftler, war nach meiner Ausbürgerung im November '76 unter Hausarrest gestellt worden. Sein Häuschen am Möllensee in Grünheide wurde bis zu seinem Tode 1982 von der Stasi wie eine Festung belagert. Die kleine Burgwallstraße wurde jahrelang mit Armee-Lastwagen gesperrt. An die 200 Spitzel bewachten Tag und Nacht einen schwer tuberkulosekranken Mann. Infrarotscheinwerfer rund um das Grundstück. Auf dem See vor Havemanns Grundstück schaukelte sogar ein Boot – eine Art Panzerkreuzer Dzierzynski.

200 Parasiten gegen einen Menschen. Und die haben ja auch Familie, vermehren sich, essen und trinken. Küchenpersonal, Putzfrauen, Fahrer, Posten, Streifen, Spezialisten für die Abhörgeräte, Funker, Gärtner, Sekretärinnen und Hundeversorger... Rechne aus, was das kostet! Und heute?

Die Grundstücke links und rechts, die Bungalows und Häuser, von denen aus die Firma eigentlich schon seit 1965 gegen uns operierte, wurden vom alten korrupten Bürgermeister in Grünheide kurz vor seiner Absetzung schnell noch irgendwelchen Stasi-Spezis zugeschoben. Katja Havemann, die Witwe meines Freundes Robert, lebt nun dort, sozusagen mit den vertrauten alten Nachbarn, die jetzt friedlich nach Regenwürmern graben und angeln gehn, wo sie sonst Menschen fingen.

Ich gebe zu, ich rede nicht ohne Gift und Neid. Ich hätte mir auch gern eines dieser idyllischen Wochenendhäuschen am See gekrallt. Aber dazu mußte man halt bei der Firma sein. Im Großen mit den Kombinaten lief es genau so wie mit den Datschen. Und jeder in der einstmaligen DDR weiß es.

Zwei bis drei Jahre brauchten die in den Westen geratenen DDR-Leute früher, bis sie sich einigermaßen in der bürgerlichen Geldgesellschaft zurechtfanden. Egal, ob sie Geld hatten oder nicht, sie lernten das Geld nur schwer. Ich verdiente von Anfang an genug und mehr als ich brauchte.

Dennoch hatte ich in meinen ersten Westjahren vor dem Geld mehr Angst als vor der Stasi.

Die antrainierten Geschicklichkeiten halfen mir nicht mehr. Meine alte Panzerung hinderte mich am Laufen und schützte vor nichts.

Meine allererste kleine Lektion über das Geld kostete mich 2600,— DM Anwaltskosten. Die BILD-Zeitung schrieb wenige Wochen nach meiner Ausbürgerung als Headline sowas wie: Biermann hat schon 300 Tausend Mark verdient. Und ich blödes Ostkind hörte leider auf meinen Westfreund Günter Wallraff und setzte eine Gegendarstellung in BILD durch, die auch prompt und gern und klitzeklein gedruckt wurde. Dadurch aber hatte das Hetz- pardon, das Herz-Blatt der Deutschen das Recht erwirkt, einen Prozeß in Gang zu setzen, in dem nun aber ich beweisen mußte, daß ich wirklich nicht diese 300 000,— verdient hatte.

Die Rechtsanwälte wetzten schon genüßlich die Messer, die Redakteure leckten sich schon die Lippen. Es konnte ein langes quälendes Schlachtfest werden, bei dem BILD immer seine Blutwurst kriegte, auch wenn die Zeitung gegen mich verlieren mußte. Es hätte nämlich jeden Tag eine neue

Schlagzeile über die nun vor Gericht recherchierten Einnahmen des Roten Barden in der Roten Villa gegeben. In letzter Minute sprang ich aus diesem Harakirikarussell. Heute weiß ich, wie man es macht: Ich hätte im SPIEGEL auf gut amerikanisch antworten müssen: Gewalt! Rufschädigung! Ich habe das Dreifache verdient!

Aber woher soviel Witz und ironische Gewandtheit nehmen, wenn man sich als tragischen Helden an der Rampe in einem historischen Schinken sieht. Die Freiheit war schwerer auszuhalten als die vertraute Unterdrückung. Ich versteckte mich hinter der Pose des weltfremden Künstlers. Bloß nicht zuständig sein für sich selber! Ich erkaufte mir eine Unmündigkeit, indem ich meiner Sekretärin Vollmacht für das Konto gab. Und ich hielt mir alle Entscheidungen über das Geld vom Halse, indem ich einen hamburgischen Steuerberater als Treuhänder anheuerte.

Er sollte es gewiß nicht in ein Sparschwein stecken, er sollte das Geld »arbeiten« lassen – aber ohne Risiko und Steuerbetrug. Damit wir uns nicht mißverstehen: auch ich hätte gern das Finanzamt betrogen. Aber wie? Ich war weder Chef des Bosch-Konzerns noch Schatzmeister der CDU.

So lebte ich, was das Geld betrifft, in Altona die ersten zehn Jahre wie im Narrenparadies. Ich prüfte nie nicht keine Rechnung und schon gar keine Jahresbilanz. Ich lebte mit meinem kleinbürgerlichen Geiz und blieb auf diese Weise ganz der Sohn meiner klassenkämpferischen Mutter.

Einmal im Jahr spielte ich mit meinem steuerberatenden Treuhänder Tischtennis und fragte: Wie steht es mit meinem Geld? Und er sagte jedesmal: Herr Biermann, Sie sind von all meinen Klienten die gesündeste Firma. Die anderen verbrauchen fast alle mehr als sie verdienen. Aber sie geben ja fast gar nix aus ...

Dieser biedere Fischkopf hat mir meine Ersparnisse aus sieben fetten Geschäftsjahren gesteuerwegberaten. Ich brachte ihn vor Gericht, und er wurde verurteilt. Aber es ist gar nicht so leicht, einem nackten Mann in die Tasche zu fassen. Und das war das Lächerliche an diesem Beschiß: ich hatte ihn selbst provoziert. Denn es war nicht nur die Ungeübtheit des Ost-Menschen. Es war nicht nur die Scheu des Anfängers. Es war bei mir außerdem der Hochmut des Intellektuellen, dem diese niederen Dinge eben ein Greuel sind. Es war das schlechte Gewissen des Berufslinken, der Lieder für eine gerechtere Gesellschaft singt und dafür so ungerecht viel Geld verdient.

Ich habe in manchen Städten der Welt Straßenmusiker gehört, die mit kälteklammen Fingern für ein paar Groschen besser Gitarre spielten als ich im Konzertsaal. Überall traf ich unberühmte Menschen, die gute Gedichte schreiben und die womöglich Schlimmeres durchlitten haben. Das einmal durchgesetzte Markenzeichen aber, das den Preis der angebotenen Ware in die Höhe treibt, ist ein großer Glanz von außen. Jeden Zentner geschminktes Schweinefleisch kann man zum gutverdienenden Star machen, wenn man ihn oft genug in der Glotze vorführt.

Meine Berührungsangst vor dem Geld zeigte sich auch daran, daß ich in den ersten zehn Westjahren mit mir eine Art Ablaßhandel treiben ließ. Ich wollte nicht, daß meine Seele im kommunistischen Fegefeuer brennt. Jedem linken Wandermönch und jedem betrügerischen Menschheitsretter, der zu mir kam und revolutionäre Sünden bei mir abkassieren wollte, schmiß ich Geld ins Kreuz. Ich blechte für mein kommunistisches Seelenheil, als sei es bei dem, den Luther gefressen hatte, beim Prediger Johannes Tetzel persönlich.

> *»Sobald das Geld im Kasten klingt*
> *Die Seele aus dem Fegfeuer springt!«*

Geld Geld Geld. Geld für Freunde, die wie ich aus der DDR verjagt, hier ihre Existenz gründen wollten. Pinke für irgendwelche alternaiven Projekte in Hamburg. Kohle für Wasserleitungen in Nicaragua. Kies für die Charta 77 in Prag. Penunze für Flugtickets von Chilenen, die anders nicht aus der Todeszelle kamen. Schotter für die Alphabetisierung bolivianischer Bauern. Moos für Mohren, die in Südafrika mehr als nur ihre Schuldigkeit tun.

Ich sang mich heiser in Solidaritätskonzerten und war froh, wenn ich von den dermaßen benefizten Fortschrittsfreunden anschließend nicht noch schwer beklaut wurde wie von Günter Wallraffs Türkenbuch-Fotograf Günter Zint. Es gefiel mir nicht, aber ich ließ es mir gefallen. Ich zahlte mein schlechtes Gewissen ab und nannte es, was es schließlich immer auch war: Solidarität.

Ansonsten besohlte ich halb aus Sparsamkeit, halb aus Handwerkervergnügen, meinen Kindern die Schuhe. Ich kaute aus Geiz die fette, die billigere Wurst. Und ich ließ meinen guten alten Ford-Kombi nach 12 Jahren nochmal in Schwarzarbeit ausbeulen und spritzen. Ich klaute mit meinen Kindern im Hamburger Freihafen 36 Pfund Rohkaffee und schmuggelte das Fegsel beutefroh am Alten Elbtunnel durch den Zoll. Hamburg ist schön. Aber Berlin.

Ja, ich wollte drüben wieder eine Bleibe haben. Das Ministerium für Kultur schickte mich ins Innenministerium, wo Dr. Diestel für die 9500 Stasiobjekte von Ostberlin zuständig war. Und nun stelle man sich vor, wie der letzte Innenminister der DDR mir und meiner Frau Pamela noch vor der Währungsunion für einen »sehr günstigen Preis« eine Stasi-Villa in Ostberlin anbot. Mir wurde ganz schwindlig bei dem Gedanken, vielleicht 12 Tausend Ostmark zu zahlen. Ich sah mich schon Hecke an Hecke mit dem Spion Guillaume, der kurz vorm Ende der DDR für'n Hosensatz ein Wassergrundstück kaufte, das nun vielleicht zwei Millionen Westmark wert ist.

Wer würde sich nicht gern bereichern! Und noch dazu auf Kosten der Stasi, dachte ich, die sich jahrzehntelang an uns bereichert und die mich genug gequält und geängstigt hat. Es wurde nichts draus. Reden wir auch hier erstmal vom Geld und nicht von hochherzigen Motiven. Mir lag Brechts Wort aus dem Arturo Ui schwer im Magen: »Das Haus am See hätt ich nicht nehmen sollen!«

Wenn ich auf Diestels Strich gegangen wäre für eine billige Villa, dann wäre mir das unterm Strich zu teuer gekommen. Mein Stammpublikum hätte sich für mich geschämt. Und Verachtung wäre mir entgegengeschlagen von edlen Heuchlern, die ohne Skrupel alles von jedem genommen hätten. Des Innenministers Angebot konnte also schwer geschäftsschädigend für mich werden.

Selbst wenn unser Deal geheim geblieben wäre, es hätte für mich womöglich noch teurer kommen können: Wer weiß, ob die Musen jemals in ein stasiversifftes Haus einfliegen. Wenn aber die Musen mich nicht mehr küssen, kann ich gleich Konkurs anmelden. Ohne neue Lieder würde ich auf dem harten Liedermacher-Markt pleite gehn. Also entschied ich mich aus vorausschauender Geldgier nicht für den krummen, sondern für den ehrlichen Weg. Ich ließ Villa Villa sein und kümmerte mich statt dessen lieber um eine Mietwohnung in Ostberlin.

Nach langer Sucherei fand ich nun im Prenzlauer Berg, wo die lebendigsten Berliner wohnen, ein hinreißend romantisches Loch, das unvermietbar ist. In meiner neuen Wohnung stehen Wasserschüsseln und Kinderbadewannen auf den Dielen und fangen das Regenwasser auf, das durch die angefaulten Decken kladdert. Die Wohnung in diesem Haus ist ein Gedicht, ja, eine Art Allegorie. Dies vergammelte Provisorium ist ein Gleichnis für die ganze DDR. Aber eben auch im guten Sinn: es kann der schönste Platz auf der Welt werden, wenn man genügend Geld investiert und eigene Arbeit und Ideen. Es wird, es wird! Budjet Budjet, sagen die Russen.

Ich habe es in diesen Monaten in all meinen Konzerten bei Deutschlands besorgten Nachbarn ausposaunt: Habt keine Angst. Das wiedervereinigte Deutschland wird harmloser sein als vorher die beiden germanischen Speerspitzen in NATO und Warschauer Pakt. Nun wird die lukrative Liebeshochzeit vollzogen. Die verlegenen Zaungäste in Lyon oder in London, in Budapest oder Milano, sie sollen wissen, daß die europäischen Geschäfte nun noch viel besser gehen werden, und daß das Gerede vom Quattrième Reich Economique nostalgischer Schaum ist. Alles wird gut, Europa wird blühen, nur die Welt geht kaputt.

Die beiden wohlgenährten deutschen Brüder sitzen jetzt im selben Badewasser und streiten sich nur noch um die Seife. Der eine, der westliche, sitzt etwas bequemer an der gerundeten Seite der Wanne. Der östliche sitzt überm Abfluß. Und wenn er beim Streit zurückzuckt, dann stoßen ihm die Armaturenknöpfe der Mischbatterie in den weichen Rükken. Luxusleiden.

Ich kann sehr gut schlafen, wenn ich an Deutschland in der Nacht denke. Aber schon der erste Blick in die Morgenzeitung bringt mich um. Während ich diesen Text schreibe, kann ich nicht wissen, ob bis zu seiner Veröffentlichung Israel noch existiert.

Ich denke an meinen ausgehungerten Vater. Ich stelle mir vor, wie er in zusammengekrümmter Haltung im Leichenberg liegt und von Funktionshäftlingen aus der Gaskammer gezerrt wird. Zuunterst auf dem Betonboden die erstickten Kinder, darüber die erstarrten Frauen. Oben, wo man noch am längsten atmen konnte, weil das Zyklon-B-Gas sich von unten nach oben ausbreitet, die stärkeren Männer.

In den letzten Jahren ihrer Herrschaft haben die Nazis in mühevoller Kleinarbeit Tausende, Abertausende und endlich Millionen von Juden umgebracht. Nun aber droht der Diktator in Bagdad, das ganze Land der Juden mit einem einzigen Schlag in eine Gaskammer zu verwandeln. Und damit das Wort dieses großmäuligen Feiglings keine leere Drohung bleibt, haben die Russen ihm Panzer geliefert, die Tschechen Maschinengewehre. Die DDR verkaufte dem Irak genau wie dem Iran Munition, Schützenpanzer, biologische Waffen und den Armeelastwagen »W 50«. Die Bundesrepublik lieferte dem Irak Chemiefabriken und den Juden Gasmasken. Die Franzosen verkauften dem Irak Mirage-Bomber, die Engländer Computersysteme und die Amerikaner Raketen. Die deutsche Einheit war auf den Schlachtfeldern um das Öl schon lange verwirklicht.

Ernst Busch sang mal in einem Lied über den Koreakrieg:

> *»Wir kommen bestimmt in den Himmel*
> *Denn die Hölle erleben wir schon«*

Ich ahne es schon lange und wage es kaum zu denken: wahrscheinlich ist schon jede Hoffnung auf Erlösung ein Schritt in die Hölle. Jedenfalls hat kein ideologisches System bisher soviele Menschen vernichtet wie der kommunistische Wahn. Mir fällt es trotzalledem schwer, mich von den kommunistischen Träumen meiner Kindheit zu lösen. Als ich vor Monaten darüber öffentlich nachdachte, versuchte ich immer noch, mich durchzumogeln. Ich sprach von der Auferstehung Christi und meinte den Kommunismus. Aber auch das haut nicht hin, genau so wenig wie die Geschichte vom Erlöser, der nach drei Tagen im Grab wieder hoch kam.

Christliche Schlenker sind auch Selbstbetrug. Wenn es den Messias, auf den die orthodoxen Juden mit greulicher Geduld warten, wirklich vor zweitausend Jahren gegeben hätte, dann wäre die Welt, in der wir heute leben, ein zynischer Witz.

Jahrelang hatte ich gepredigt, wie auch mein Freund Robert Havemann, daß der wahre Kommunismus gegen den Stalinismus verteidigt werden muß. Aus dieser ideologischen Konstruktion zogen wir die geistige Kraft, uns mit den allmächtigen Kretins in den Streit einzulassen.

Ich wollte, ich hätte es nicht durchschaut und müßte es jetzt nicht bekennen: Wer heute noch und angesichts der ermeßlichen Opfer der kommunistischen Heilslehre den reinen Kommunismus gegen den dreckigen predigt, der bewegt sich auf keiner höheren moralischen Stufe als nach 45 irgendwelche Edelnazis. Mit dem wissenden Lächeln des unbelehrbaren Fanatikers verklarte mir mal ein Zahnarzt, daß »das mit den Juden leider ein Fehler war«. Während ich den Rachen aufriß, bohrte er meinen Backenzahn und verteidigte den wahren Nationalsozialismus gegen Hitlers falschen.

Wir sehen nicht besser aus als solche schöngeistigen SchillerundGoetheNazis. Sie beharren darauf, daß die Idee des Nationalsozialismus eine national orientierte Spielart des Sozialismus sei, die dummerweise nur durch so antisemitischen Fanatismus des beknackten Postkartenmalers aus Braunau ein Schuß in den Ofen wurde. Nein! Dreck ist Dreck. Und Lebenslügen sind auch Lügen. Es gibt keine Rangordnung der unschuldigen Opfer. Jedes ermordete Kind kommt von einer Mutter. Wir sollten uns alle aus Scham und aus Schmerz für die nächsten hundert Jahre jedes Geschwätz über ein kommunistisches Narrenparadies verbieten und verbitten. Vielleicht verhindern wir so wenigstens, daß die Erde sich vollends in eine Hölle verwandelt.

Heinrich Heine schrieb:

Verlorner Posten in dem Freiheitskriege
Hielt ich seit dreißig Jahren treulich aus.

Ich kämpfte ohne Hoffnung, daß ich siege.
Ich wußte, nie komm ich gesund nach Haus...

Wir haben es auch gewußt, und keiner muß uns im nachhinein den antistalinistischen Marsch blasen. Besonders gegen Honecker & Co. beharrte ich und nannte mich in verzweifeltem Trotz einen Kommunisten. Freilich in dialektischer, in unangreifbarer Verrenkung: Wer wirklich noch Kommunist ist, kann sich nicht mehr Kommunist nennen.

Heute begreife ich: Solch ein paradoxer Schlenker taugt für studentische Seminare und für die linke Kneipe, aber nicht fürs Leben. Ich hab ihn satt, diesen Kopfstand zugunsten des wahren, des realen, des eigentlichen oder auch Ur-Kommunismus.

Nur wenn ich manchmal mit meinem toten Vater spreche, reden wir noch als Genossen. Er kann ja nicht wissen, wie alles gekommen ist. Wenn ich ihm die Lieder der Internationalen Brigaden aus dem Spanischen Bürgerkrieg vorsinge, dann bin ich so kommunistisch wie am ersten Tag. Der Jude Heine schrieb mal, er habe sich nie jüdischer gefühlt als am Tag seiner Taufe.

Für uns war der Kommunismus eine Religion. Und wie allen, die ihren Gott los werden, droht auch uns, daß wir nicht nur gottlos, sondern schlimmer: menschenlos werden und in den Zynismus abkippen.

Der Schmerz über diese Enttäuschungen ist größer als die Freude, daß man endlich ein paar Täuschungen los ist. Der Zusammenbruch unserer treuen Feinde ist für uns gewiß ein Triumph. Aber ein freudeloser, weil auch unsere gelegentlichen kleinen Erfolge im Streit um den richtigen Weg zum Sozialismus nichtig geworden sind.

Und war doch unser wirkliches und einziges kleines Menschenleben und waren intelligente Schmerzen und wirkliche Glückseligkeiten. Scheinsiege und verkehrte Niederlagen, die sich jetzt in einem endlich abgesetzten Theaterstück als ein absurdes Nichts erweisen. 40 Jahre Leben landen wie Ballaststoff in Kohls dickem Bauch und werden fröhlich verdaut und ausgeschieden. Erst hatte er die gnadenlos verspottete Gnade der späten Geburt, jetzt ist er ein Hans im welthistorischen Glück.

Hier im Westen wimmelt es von selbstgerechten, von gutbürgerlichen Existenzen mit bestem Appetit. Sie kaufen jetzt für 50 Pfennige auf dem Westberliner Flohmarkt vom Kind eines Stasispitzels einen Orden, der den Vater den Charakter kostete und sein Opfer vielleicht ein paar Jahre Knast.

Viele Westler hätten im Osten ohne Hemmung genauso Karriere gemacht, egal ob als dogmatischer Parteisekretär, oder MfS-Offizier, als blauäugiger Denunziant, brutaler Volkspolizist, als MaximusLenimus-Professor, oder als Kinderabrichter an Margot Honeckers Schulen oder als schriftstellernder Wanderer auf Walter Ulbrichts Bitterfelder Weg.

Die hätten sich, egal als Obrigkeit oder Untertan, in der DDR furchtbar bewährt. Daß diese Sorte Mensch im Westen sich jetzt wie ein Sieger der Geschichte räkelt, daß dieses Pack historische Urteile rausrülpst und sich bläht wie der Kanzler, das kotzt mich an und macht mich kalt. Die Kurzsichtigen feiern im Westen den Sieg ihres kapitalistischen Modells. Das Profitinteresse ist aber auch kein Kompaß, um einen Ausweg aus der Selbstmördergrube zu finden, in die wir unsere Erde verwandelt haben.

Aber ich gebe zu, seit dem Zusammenbruch des kommunistischen Imperiums stehen die Chancen für eine Selbstrettung der Menschheit günstiger. Und immer noch besser die Ostler lernen nun das Geld als die Westler die Stasi.

Obwohl die Lektion über das Geld mich allerhand Lehrgeld kostete, bin ich nicht der traurige Held in einem Melodrama. Alles halb so wild. Der Versuch des Schriftstellers, als bürgerliche Existenz vom Verkauf seines eigentlichen Produkts zu leben und nicht von Mäzenen oder vom Brotberuf als Minister wie Goethe, wurde schon von Riesen wie Lessing und Heine gemacht. Heine bestritt nur ein Drittel seiner Ausgaben durch Einnahmen aus seiner eigentlichen Arbeit. Heine spekulierte glücklos mit Eisenbahnaktien. Dennoch war der arme Poet in Paris zu seiner Zeit von 100 statistischen Franzosen der drittreichste, wie man bei Michael Werner in »Genius und Geldsack« lesen kann.

Nein, nicht das Geld. Am meisten ödete mich im Kapitalismus, daß ich vor meinem Westpublikum, wenn vom Leben im Osten die Singe oder die Rede war, immer untertreiben mußte. Untertreiben mußte ich, damit man mich nicht für einen Übertreiber hielt. Das offene Wort über die Allgegenwart der Stasi wurde Leuten wie mir leicht als Verfolgungswahn ausgelegt.

Die meisten in meinem Publikum wollten was moderat Kritisches wissen, aber nichts hören von der doppelt verlogenen Ausbeutung des Ostmenschen durch den Ostmenschen. Nichts wollten meine Fans hören von wiederholten Mordversuchen an Robert Havemann, an Jürgen Fuchs, nichts davon, daß die Stasi versucht hat, auch mich umzulegen. Bloß kein Wort über die Folter in den DDR-Knästen. Die Todesängste der Bürgerrechtler Büchner und Merkel sind heute noch begründet.

Brecht schrieb im Galilei die berühmten Worte: »Wer die Wahrheit nicht weiß, der ist nur ein Dummkopf. Aber wer sie weiß und sie eine Lüge nennt, der ist ein Verbrecher.« Klingt gut und ist sogar wahr. Ist aber zu simpel. In Wirklichkeit muß man leider außerdem fragen, *wann* einer die Wahrheit weiß oder nicht weiß. Dabei ist es schwierig, eine moralische Zeitgrenze zu ziehen. Bis wann darf ein Mensch sich politisch irren?

Das weiß jeder: es gibt Zeiten, in denen muß man gradezu ein falsches Bild haben, die Täuschung ist wie die Luft, die jeder atmet. Es gibt aber auch einen historischen Zeitpunkt, von dem ab ist es ein Verbrechen, eine Wahrheit nicht zu wissen. Klingt auch gut.

Aber dieser Zeitpunkt – wer bestimmt den? Manés Sperber war schon 1936 geheilt. Ernst Bloch verteidigte die Moskauer Prozesse noch unter Ulbricht in der DDR. Havemann kam auch erst nach Chruschtschows Geheimrede 1956 und sehr zögerlich an neue Ufer.

Es gibt schön einfache Beispiele: Im Februar 1943, als mein Vater im Viehwaggon nach Osten gebracht wurde, konnte meine Mutter das Wort Auschwitz noch nicht kennen. Aber jene Leute, die mir jetzt aus der Schweiz einen Brief schickten mit ingenieurtechnischen Beweisen, daß in Auschwitz kein einziger Jude vergast wurde, die möchte ich totschlagen.

Als ich vor Jahren öffentlich erwähnte, daß nach Schätzungen von Isaak Deutscher 20 Millionen Menschen unter Stalin ermordet wurden, hielt meine Klientel mich für übergeschnappt. Die Wohlmeinenden entschuldigten es damit, daß ich halt viel durchgemacht hätte. Ihr lieben Einfaltspinsel, ich habe nichts durchgemacht, gar nichts. Gemessen an all den Schuldlosen, die vernichtet wurden im Arbeiter- und Bauernparadies, bin ich ein Glückspinsel.

Inzwischen berichten die Historiker in der Sowjetunion von 50 bis 60 Millionen Opfern, die Toten des Krieges nicht eingerechnet. Ich habe von Euch gelebt, Ihr Linken unter den Grünen, Ihr Grünen unter den Linken.

Ach! und Ihr germanistischen Revolutionstouristen aus Tübingen und Marburg, aus Bremen und Göttingen, aus Montpellier und Columbus Ohio. Ferien in Weimar auf Kosten der Arbeiter und Bauern, DDR-Deutschunterricht mit Stippvisite im KZ-Buchenwald, inclusive Sand ins Gehirn und Zucker in' Arsch. Ihr habt mich ausgehalten, und ausgehalten habt Ihr mich auch. Ihr seid in meine Konzerte gekommen und habt das Geld bezahlt, von dem meine große Familie und ich sehr angenehm leben.

Marx machte uns süchtig mit dem Traum von einer Gesellschaft ohne Geld, ohne Staat, in der der Mensch kein geknechtetes und gedemütigtes und ausgebeutetes Wesen mehr ist.

Es wimmelt von blutigen Heilsbringern, von fanatischen Phrasendreschern, die uns irgendein gelobtes Land versprechen. Selbsternannte Erlöser, die nicht mal sich selber helfen. Wir haben genug von vollgefressenen Ideologen, die vom Schlaraffenland schwärmen, wo gebratene Nachtigallen und geröstete Dichter durch die Luft fliegen und mit marinierten Hämmern und geselchten Sicheln gefressen werden.

Ich will lieber kleine Brötchen backen und dabei trotzalledem große Rosinen im Kopf haben. Immer das Nächstliegende tun! Der Kampf um das tägliche Brot der Gerechtigkeit hat nicht erst vor 150 Jahren mit der kommunistischen Utopie angefangen. Und er hört auch nicht auf mit ihrem Niedergang. Die Sehnsucht nach einer besseren Welt begann schon mit unserem Aufbruch aus dem Tierreich und wird sogar noch dauern, bis wir endlich wieder nach Hause kommen und Tiere sein dürfen, jedenfalls so lange uns die geduldige Natur noch duldet.

Die Erde ist ja kein planetares Gasthaus »Zur schönen blauen Kugel«. Wer wäre denn da der Wirt? Und wer die Köchin? Und wer bezieht die Betten? Wir müssen schon alles selber machen. Arbeiten und schön faulenzen und träumen.

Ich möchte gern, daß wenigstens meine Kinder noch Kinder kriegen können, die sich Kinder wünschen. Ich möchte, daß meine Brut zu denen gehört, die sich tapfer gegen das Unrecht wehren, das grade im Angebot ist. Ich möchte, daß meine Lieben intolerant sind gegen die Intoleranz der Mächtigen. Und ich will sie dazu anstacheln, daß sie der verfolgten Unschuld beistehn und daß sie ein offenes Wort über die Lippen kriegen, wo feige geschwiegen wird.

Für die moderneren Leiden der absehbaren Zukunft reicht meine Phantasie nicht aus. Aber das weiß ich doch: Ohne den Traum von einer gerechteren Gesellschaft habe ich nicht mal die Kraft, einen einzigen Tag zu überleben. Wer uns aber heute noch den Himmel auf Erden verspricht und uns ein stalinistisches Christentum predigt, dem sollte man erstmal mit François Villons Eisenhammer die Fresse einschlagen. Küssen und aufklären kann man ihn dann immer noch.

In den ersten Monaten nach der Revolution hatte ein Zauberwort in Deutschland Konjunktur: Joint Venture. Inzwischen ist diese Konstruktion absurd geworden. Heiner Müller sagte mir an einem der letzten DDR-Tage:

Die Zeit der Witze ist nun auch vorbei.

Tja, Heiner, sagte ich, dann mußt du jetzt endlich mal Komödien schreiben, ein Molière muß her!

Kennste den allerletzen DDR-Witz? – Nee, sagte ich, erzähl! – Ein kluges Westhuhn und ein dummes Ostschwein machen Joint Venture: Ham-and-eggs. Die Pointe: Einer geht eben immer dabei drauf.

Dieser Witz ist witzlos geworden, denn die ganze DDR ging drauf, auch ohne Joint Venture. Dennoch bleiben die Partner von gestern auch die Partner von morgen. Geändert hat sich nur die Stellung in dieser Umarmung, diesmal liegen die Ostgangster unten.

Ja, ein böser Komödienschreiber muß her! In seinem Stück »Der Bürger als Edelmann« zeigt Molière den lächerlichen Versuch eines reichgewordenen Bourgeois, ein adliger Herr zu werden. Jetzt wäre, reziproke Reprise, zu zeigen, wie ein armgewordener Parteifürst des Feudalsozialismus versucht, auf die Schnelle ein reicher Kapitalist zu werden. Molières Monsieur Jourdain scheitert, und das Volk im Parkett lacht sich schief über seine Tölpelei. Wer aber lacht in der ehemaligen DDR in diesen Tagen über wen? Alles, scheints, ist gelaufen. Aber da kann man sich angenehm irren. Heimlich im Herzen und hinter dem eigenen Rücken hoffe ich, daß es doch nicht so düster bleibt, wie ich es gemalt habe. Es ist noch nicht aller Tage Abend in der Welt. Solange wir uns in unsere eigenen Angelegenheiten einmischen, sind wir nicht verloren. Es ist noch lange nicht entschieden, wer zuletzt lacht in Deutschland.

Register

Fehlt ein großer Name, ein kleiner? Ganz hinten am Horizont des Nachthimmels treffen sich Stern und Kröte. Namen sind nicht immer Schall und Rauch, sie stehn ja für sehr verschiedenen Rauch: Habemus Papam. Auschwitz. Tschernobyl. Hiroshima. Friedlichstes Lagerfeuer. Aale-Räucherei. Rauch aus der Sauna im finnischen Wald.

Das Register registriert meine schiefe parteiische Sicht. Und wenn ich es demnächst besser weiß, dann werde ich mich korrigieren. Ich lebe ja nicht vom Rechthaben.

linistischer Manager mit präkapitalistischen Methoden. Generaldirektor des VEB Kombinat Zeiss-Jena. Setzte sich nach der Revolution zum Klassenfeind ab.

BITTERFELDER WEG. Konferenz 1964. Ulbricht prügelt die Schriftsteller auf den Weg zu einer Volksverbundenheit, wie die Partei sie versteht. Die Künste homunculisch definiert als »Wissenschaft vom neuen Menschen in der DDR.«

BLOCH, ERNST (1885–1977). Philosoph ohne hermetisches System. Sein Werk ist ein assoziativ wohlgeordneter Kuttelwust von hellsichtigen Kommentaren.

BLÜM, NORBERT (* 1935). Vielbeschimpfter Arbeits- und Sozialminister der Regierung Kohl, den ich lieber nicht persönlich kennenlernen möchte, weil ich fürchte, daß er mir gefällt.

BOHLEY, BÄRBEL (* 1945). Genannt die Mutter der Revolution. Malerin mit Mutterwitz. Sie war führender Kopf der führungs- und kopflosen Opposition. Mitbegründerin des Neuen Forums.

BÖHME, IBRAHIM (* 1944). Unglücksmensch. Langjähriger hochkarätiger Stasispitzel. Er war 1989 Mitbegründer der SPD in der DDR und Vorsitzender.

BOOCK, PETER-JÜRGEN (* 1951). Seit 1971 RAF. Löste sich schon vor seiner Verhaftung 1981 vom Terrorismus. Urteil: lebenslänglich. Sitzt länger als andre, weil er der strafenden Obrigkeit keinen in die Pfanne haut.

BRAUN, VOLKER (* 1939). Zartbesaiteter Vorschlaghammer. Starker Dichter, schwacher Dramatiker. Scheuer Mensch im dialektischen Zwielicht.

BRECHT, BERTOLT (1897–1956). Als er sich dem Kommunismus zuwandte, wandten sich die Musen nicht von ihm ab. Ein Weltgenie in 100 Jahren reicht mir.

BRÜSEWITZ, OSKAR (1929–1976). Unkonventioneller Pastor. Er verbrannte sich im August '76 in Greiz aus Protest gegen die Militarisierung des öffentlichen Lebens in der DDR und gegen die Feigheit seiner Kirchenobrigkeit.

BÜCHNER, MATHIAS »FRITZ«, Maler in Erfurt und Stasiauflöser.

BUNGE, DR. HANS (1919–1990). Brechtschüler am Berliner Ensemble. Baute das Brechtarchiv auf. Dann Streit mit der Weigel und den Erben. Wichtig: »Fragen Sie mehr über Brecht« – Hanns Eisler spricht mit Bunge über Ästhetik.

BUSCH, ERNST (1900–1980). Singender Spanienkämpfer, der Töne schoß wie Kugeln: »Barrikaden-Tauber«. Spielte den Galilei am BE. Brachte den kranken Brecht um, der sich 1956 selbstmörderisch in die schwierigen Galilei-Proben verbiß.

CEAUSESCU, NICOLAI (1918–1990). Spät gestürzter rumänischer Diktator. Ermordeter Mörder. Blutiges Hätschelkind des Westens im Kalten Krieg.

CHRUSCHTSCHOW, NIKITA (1894–1971). Volkstümlicher Parteichef der KPdSU ('55 BIS '62). Er begann auf dem 20. Parteitag 1956 mit einer stalinistischen Entstalinisierung. Abbau des GULAG. Liberalisierung. Halbherzige Demokratisierung. »Tauwetter«.

CREMER, FRITZ (* 1906). DDR-Bildhauer. Sein kitschigstes Werk: Das Buchenwalddenkmal. Sein bestes Werk: »Deutschland, du bleiche Mutter« im ehemaligen KZ Mauthausen.

DE MAIZIÈRE, DR. LOTHAR (* 1940). Bratscher, Rechtsanwalt und erster demokratisch gewählter Ministerpräsident der DDR. Stasi? Für ihn lege ich meine Hand ins gelöschte Feuer.

DEUTSCHER, ISAAK (1907–1967). Polnischer Kommunist. Historiker, der in der Emigration antistalinistische Biographien über Trotzki und Stalin schrieb und Analysen der russischen Revolution lieferte, die uns die Augen öffneten.

DIESTEL, DR. PETER-MICHAEL (* 1952). Innenminister unter

de Maizière, der sich als Stasiauflöser Verdienste erwarb, leider nur bei der Stasi.

DUBČEK, ALEXANDER (* 1921). Populärer radikaldemokratischer Reformkommunist und Chef der KP in der ČSSR zur Zeit des Prager Frühlings. 21 Jahre lang kaltgestellt. Seit 1990 demokratisch gewählter Parlamentspräsident.

DZIERZYNSKI, FELIKS (1877–1926). Polnischer Adliger. Großrussischer Chauvinist. Massenmörderischer erster Chef der Tscheka und Mielkes Vorbild. Starb in Moskau auf der Barrikade, als sie sich schon in ein Rednerpult verwandelt hatte.

ELUARD, PAUL (1895–1952). Lyrischer Lyriker in Frankreich. Picasso-Freund. Marmorrose und Eisenrose, Kohlenrose und Löschpapier-Rose, Wolkenrose und kommunistische Parteinelke.

EPPELMANN, RAINER (* 1943). Vom eindeutig oppositionellen Pfarrer zum zweideutigen Verteidigungsminister der Regierung de Maizière. Hat an der Macht geleckt wie an einer Droge.

FUCHS, JÜRGEN (* 1950). Schriftsteller und Psychologe. Enger Freund von Havemann, wurde 1977 aus der Haft ohne Prozeß in den Westen gepreßt. Die Repressalien der Stasi gegen ihn gingen in Westberlin verstärkt weiter. Er hatte sie redlich verdient.

GREINER, ULRICH. Der beste Feuilletonchef aller ZEIT-Zeiten, weil er mir gelegentlich zwei Seiten Platz freischaufelte für die Texte in diesem Buch.

GULAG – System sowjetischer KZs. Zumeist nicht Vernichtungslager (wie z. B. Auschwitz), sondern Arbeitslager, in denen aber Millionen Menschen vernichtet wurden. Auflösung des Gulag seit dem XX. Parteitag der KPdSU.

GYSI, DR. GREGOR. Sartre schrieb auch für ihn: Wir beurteilen die Menschen nicht danach, was aus ihnen gemacht wurde, sondern danach, was sie aus dem machen, was aus ihnen gemacht wurde.

HACKS, PETER (* 1928), Versierter Antiquitätenhändler, auch literarisch. Als Kammerjäger der Partei warnte er mich vor Solschenizyns Läusen in Bölls Bett. Geschickter Flickschneider, der abgetragene gute alte literarische Stoffe wendet.

HAGEN, EVA-MARIA (* 1934). Gute Schauspielerin und hinreißende Liedersängerin. Mutter der genialischen Nina und Lebensgefährtin des Philosophen Siegfried Gerlich, den sie zum Klavierspielen mißbraucht.

HAGER, KURT. Opfer. Ideologiechef der Partei. Der einzige Intellektuelle im Politbüro. Ging in die deutsche Geistesgeschichte als »Tapeten-Hager« oder auch »Tapeten-Kutte« ein.

HAVEL, VACLAV (* 1936). Als Heizer, Häftling und Staatspräsident zweckentfremdeter Dramatiker.

HAVEMANN, KATJA. Witwe von Robert Havemann. Nach seinem Tode war sie der unauffällige Mittelpunkt der DDR-Opposition. Mitbegründerin des Neuen Forums.

HAVEMANN, ROBERT (1910–1982). Mein engster Freund, Lehrer, Genosse und Kumpel in den schweren Jahren. Wichtig sein Buch: »Dialektik ohne Dogma«. Er wurde 1943 zum Tode verurteilt, 1965 zum Schweigen, 1976 zum Hausarrest.

HEARTFIELD, JOHN (1891–1968). Genialer Erfinder der politischen Fotomontage, antifaschistischer Künstler. Das moralisch intakte Gegenstück zu seinem Bruder Wieland Herzfelde.

HERMLIN, STEPHAN (* 1915). Hochkarätiger Literat und verkümmerter Dichter. Paul Verlain schrieb ihm ins Poesiealbum: Rien de plus cher que la chanson grise . . . Et tout le reste est littérature.

HEYM, STEFAN (* 1913). Der bedeutendste deutsche Romancier unter den amerikanischen Schriftstellern und der mutigste Aufrührer unter den Feiglingen.

HONECKER, ERICH (* 1912). Allmächtiger Kümmerling der Weltgeschichte. Den Letzten beißen die Hunde.

HÖPCKE, KLAUS (* 1933). Begann seine Karriere 1965 mit einem Hetzartikel im ND gegen mich und beendete sie als Spitzenkandidat der PDS in Thüringen. Zwischendurch perfektionierte er die Zensur durch ihre Verlagerung nach unten.

HUCHEL, PETER (1903–1981). Großer Dichter mit kleinem Werk. Legendärer Herausgeber der Literaturzeitschrift »Sinn und Form«, als sie noch Sinn und Form hatte. In den Westen geekelt.

HUGO, VICTOR (1802–1885). Französischer Dichter. Im Roman »Die Elenden« das revolutionäre Rotzlicht auf der Barrikade: Gavroche.

HVA. Riesige Sonderabteilung im MfS für politische, militärische und wirtschaftliche Spionage im Westen.

IG-METALL. Industriegewerkschaft Metall, größte Industriegewerkschaft der Welt, einflußreichste Teilgewerkschaft in Deutschland. Wurde bevorzugt gefräst, gebohrt und gefeilt vom MfS.

JOINT VENTURE. Ein faules Zauberwort.

KAMNITZER, HEINZ (* 1917). Falscher Professor und echter Scharlatan. Geprügelter bissiger Parteihund ohne Zähne. Essayistischer Flachdenker und tartüffischer PEN-Präsident der DDR.

KANT, HERMANN (* 1926). Vorsitzender des Verbands der Schriftsteller. Fürchtete die Partei mehr als die Musen. Ein Karl-Eduard von Schnitzler der Literatur.

KIRSCH, RAINER (* 1934). Zwangslyriker aus Angst vor seiner Vergangenheit. Allerletzter Vorsitzender des DDR-Schriftstellerverbandes.

KIRSCH, SARAH (* 1935). Weiblicher Schriftsteller. Schöne Gedichte. Sanfte Lyrik in schroffer Haltung.

KOHL – in Rotwelsch: Unsinniges Geschwätz. DR. HELMUT KOHL (* 1930). Ein Bundeskanzler der Westdeutschen, wie ihn die Ostdeutschen verdient haben.

KOPELEW, LEW (* 1912). Ins Exil getriebener Russe mit weißem Rauschebart. Geachteter Germanist, verfolgter Schriftsteller und unerschütterlicher Menschenfreund.

KRAUSE, DR. Chefunterhändler der Regierung de Maizière. Wenn ich Kohl wäre, mit so einem hätte ich auch gern den Einigungsvertrag ausgehandelt: 100 % kein Stasi.

KRENZ, EGON (* 1944). Kein Mörder, sondern ein Ermordenlasser, ein Von-allem-Nichtsgewußthaber, ein Memoirenschreibenlasser. Aber seit 1990 füttert er selbst die Enten im Pankower Bürgerpark.

KUNZE, REINER (* 1933). Verfolgter Lyriker und Übersetzer. Wurde 1977 in den Westen geekelt, von uns Linken ungnädig empfangen.

LAFONTAINE, OSKAR (* 1943). Eigensinniger heller Kopf. Saarländischer Ministerpräsident und glückloser Kanzlerkandidat der SPD z. Zt. der deutschen Vereinigung.

LPG. Landwirtschaftliche Produktionsgenossenschaft nach dem Modell der sowjetischen Kolchose. Die Zwangskollektivierung wurde in der DDR 1960 abgeschlossen.

MECKEL, MARKUS (* 1953). Noch'n Pastor aus Pastorenfamilie. Er geriet als Außenminister der Regierung de Maizière in die Politik, d. h. in die Gruppenfotos der Zeitgeschichte.

MfS. Ministerium für Staatssicherheit, im Volksmund »Stasi«, »Horch, Guck und Greif«, »Die Firma«, »Memphis« u. a.

MIELKE, ERICH (* 1907). Schuldlos und unverstanden. Liebender ohne Gegenliebe. Passionierter Jäger von oppositionellen Kommunisten und Anarchisten in Spanien, von Wildschweinen und Andersdenkenden in der DDR.

MITTAG, GÜNTHER (* 1926). Kein Nazi geblieben, kein Kommunist geworden. Politbüro seit 1966. Wehrwirtschaftsführer der Partei. Kontrolliert nur von Honecker, der nichts verstand.

MODROW, HANS. Chef der SED-Bezirksleitung Dresden, weniger verhaßt als seine Kollegen, weil er bescheidener gelebt haben soll. Deckte den Rückzug als Ministerpräsident der Übergangsregierung bis zu den ersten freien Wahlen im März 90.

MOMPER, WALTER. Volkstümlicher SPD-Bürgermeister Berlins ohne ideologischen Klimbim z. Zt. der deutschen Wiedervereinigung. Kann mit den Grünen wie mit den Schwarzen.

MÜLLER, HEINER (* 1929). Hat selber gemerkt, daß er der größte Dramatiker der Deutschen ist. (Nach Brecht, das weiß er auch.)

NEUES FORUM. Erste und entscheidende gewaltlose demokratische Bürgerrechtsbewegung der DDR-Opposition. Wollte partout keine Partei werden. Aufgeblüht 1989, vertrocknet unter der Sonne des historischen Erfolgs.

NEUTSCH, ERIK (* 1931). Parteischreiber mit großen historischen Stoffen und leider nur tagespolitischem Verstand. Er lieferte den Stoff für den Film »Spur der Steine« und für Heiner Müllers »Der Bau«.

NOVAK, HELGA (* 1935). DDR-Kind. Isländisches Fischweib. Plebejischer Radikalmensch. Männliche Schriftstellerin. Schöne Gedichte, die schönsten Balladen und Prosa.

ORWELL, GEORGE (1903–1950). Wer seinen berühmten Roman »1984« liest, sollte wenigstens nachher sein Buch über den Spanischen Bürgerkrieg lesen: »Mein Katalonien.« Sonst kommt kein Fleisch aufs totalitäre Gerippe.

PARIS, RONALD (* 1933). Ein parteidummer van Gogh, auf Leonardo gestylt, der aber schöne Bilder malte. Der mein Freund war, bis er mir eine ekelhafte Nacht lang den Einmarsch in die ČSSR verklärte.

PDS. Endlager für unbelehrbare Altstalinisten, romantische Endmoränen der kommunistischen Eiszeit, neulinke Kinder, unerschrockene Geldakrobaten, blauäugige Rote, Immobilienspekulanten und knallharte Seilschaften.

POLPOT (* 1928). Weltrekordler im Völkermorden. Reinkarnation Lenins als Krokodil. Steinzeitstalinist in Kambodscha. Brachte in einmalig kurzer Zeit sein halbes Volk um.

REICH-RANICKI, MARCEL (* 1920). Der größte deutsche Literaturkritiker, weil er entdeckt und den elitären Banausen verraten hat, daß meine Lieder Gedichte sind.

ROUSSEAU, JEAN-JACQUES (1712–1778). Französischer Menschheitsretter und Findelhauslieferant aus Genf.

RUNDER TISCH. Die originellste politische Erfindung der DDR überhaupt. Diskussions- und Entscheidungsgremium, in dem sich 1989/90 Vertreter des alten SED-Regimes und der Opposition trafen.

SCHABOWSKI, GÜNTER. Letzter Chef der SED-Bezirksleitung Berlin, lernte am 4. November auf dem Alex zum ersten und letzten Mal das Volk kennen.

SCHÄDLICH, HANS JOACHIM. Kein Großschriftsteller. Schrieb das tolle Buch »Versuchte Nähe« und wurde in den Westen getrieben, wo es ihm zuerst die Sprache und die Schreibe verschlug. Nun kann er wieder.

SCHALCK-GOLODKOWSKI. Strauß-Spezi, respektabler Wirtschaftsgroßverbrecher mit weißer Weste, dickem Fell, vollen Taschen, vollen Hosen und mit angenehm erpreßbaren Freunden in Ost und West.

SCHEUMANN, GERHARD. Privilegierter Dokumentarfilmer, der davon lebte, daß er seinen Mitbürgern in der DDR mit wahren Filmen über den schlimmen Westen was vorlog.

SCHNITZLER, KARL EDUARD VON (* 1918). Besonders verhaßter Propagandist des SED-Regimes, machte die zynische TV-Sendung »Schwarzer Kanal«.

SCHNUR, WOLFGANG. Protagonist der DDR-Opposition

und entlarvter Stasi-Spitzel. Ist nicht in der Badewanne gestorben an seiner Schande. Hatte nur einen treuen Freund: Pfarrer Eppelmann. Macht weiter als Rechtsanwalt.

17. Juni 1953. Ein Proteststreik der Bauarbeiter auf der Stalinallee löste einen Volksaufstand in der DDR aus, der mit sowjetischen Panzern blutig niedergeschlagen wurde. Der Aufstand sollte das Ulbricht-Regime stürzen und – rettete Ulbricht.

Sitte, Willi. Meistermaler. Hätte es auch mit dem Pinsel geschafft, berühmt zu werden. Bekleckerte sich als linientreuer Präsident des Verbandes bildender Künstler der DDR nicht mit Ruhm.

Sperber, Manès (1905–1984). Psychologe, Essayist und Romancier, der schon für uns schrieb, als wir ihn noch nicht kennen durften. Geistiger und moralischer Haltepunkt im Kuddelmuddel der Geschichte.

Tetzel, Johannes (1465–1519). Legendärer Ablaßhändler des Papstes. Schamloser und erfindungsreicher Geldeintreiber. Er provozierte Luther zu seinen »Thesen«.

Ulbricht, Walter (1893–1973). Staats- und Parteichef der DDR bis kurz vor seinem Tode. Treuergebener Stalinist. Verlachter Sachse und gefürchteter Meister des Partei-Apparats.

VEB. Wörtlich: Volkseigener Betrieb. In Wirklichkeit Staatseigentum, bzw. feudalistischer Parteibesitz.

Vollmer, Antje (* 1943). Pastorin mit zitternder Stimme und starkem Herz, die schon immer eigene Wege zu den Menschlein ging. Bis 1990 Bundestagsabgeordnete und eine der wenigen Leuchten im dunklen Wald der Grünen.

Wallraff, Günter (* 1942). Echtfalscher pazifistischer Waffenschieber, eingeschleuster BILD-Reporter, getürkter Türke, erschütterlicher Menschenfreund. Verpfuscht als dilettierender Steinbildhauer auf der Kanarischen Insel Lanzarote Gottes Henry-Moore-Plastiken aus meergewaschenem Lavagestein.

WERNER, PROF. DR. MICHAEL (* 1946). Heine-Forscher, sitzt in der Ecole Normale an der Quelle mit den Original-Manuskripten in Paris und schreibt DAS Buch über Heinrich Heine.

WOLF, CHRISTA (* 1929). Von Kleinkarierten kleingemachte gebeutelte Schriftstellerin, die manchmal zu feige war und meistens für ihr eigenes Herz viel zu mutig.

WOLF, MARKUS. Sohn des Dramatikers Friedrich Wolf, Bruder des Filmregisseurs Konrad Wolf. Er selber ist auch was: seit Urzeiten Spionage-Chef der HVA im MfS. Sprang vor zwei Jahren vom sinkenden Schiff, aber kommt an kein Ufer.

Wolf Biermann
Klartexte im Getümmel

Im November 1976, nach dem Kölner Konzert, wurde Wolf Biermann aus der DDR ausgebürgert. Ein Kreis hat sich nun geschlossen. Dreizehn Jahre später, in der sanften Novemberrevolution, sang der verbannte Liederdichter wieder in seinem halben Land. Dieses Leipziger Konzert wurde in voller Länge in Ost und West vom Fernsehen übertragen.

Neben Liedern und Gedichten schrieb Wolf Biermann in diesen dreizehn Westjahren gelegentlich auch Prosa, oft im Tagesstreit, scharfzüngige, ätzende und liebevoll begeisterte Texte, die aber über den Tag hinaus von Interesse sind.

Hannes Stein hat nun die dauerhaftesten Vergänglichkeiten des Dichters in diesem Buch zusammengestellt:

- eine Polemik gegen den Menschengroßhändler Rechtsanwalt Vogel,
- ein Pasquill gegen den homunculus bürokraticus Krenz und andere allmächtige Trauergestalten,
- essayistische Texte wie »Der Sturz des Dädalus«
- und flüchtige Portraits einiger Schriftsteller wie Jürgen Fuchs und Stefan Heym
- und allerhand Liebeserklärungen an Kollegen im engeren Sinne: Dionysius Savopoulos, Mikis Theodorakis, Paco Ibañes, Wolfgang Niedeckens Gruppe BAP,
- und zum Abdruck kommt auch ein Gespräch mit dem Musikwissenschaftler Frieder Reininghaus über ästhetische Fragen: Wolf Biermann gibt Auskunft über sein Handwerk, über den Kontrapunkt zwischen Text und Musik in den Liedern.

Zum Schluß ein aufschlußreicher Versuch: Bilanz und Ausblick im Staub des Getümmels.

KiWi Paperbackreihe bei Kiepenheuer & Witsch

WOLF BIERMANN
AFFENFELS UND BARRIKADE

Gedichte / Lieder / Balladen
Gebunden

Es geht in den neuen Gedichten mal wieder und verschärft um die Liebe. Der Affenfelsen! Liebeslieder, Liebesgedichte ... Wer Wolf Biermann kennt und nicht nur seinen spektakulären Fall, den wird das nicht groß wundern. Die Scheinfrage: Politisch Lied — ein garstig Lied? stellt sich bei Biermann nicht, denn seine Lieder waren immer zugleich privat und politisch und immer beides: garstig und déchirante. ... Daß bei diesem Dichter sich das kleine Menschenleben und die Weltgeschichte peinlich überschneiden, ist dem Kenner geläufig.

Entstanden sind die neuen Gedichte, Lieder, Balladen in den Jahren 1982-1986, nach Erscheinen von *Verdrehte Welt — das seh' ich gerne.*

KIEPENHEUER&WITSCH

PANAÏT ISTRATI

DIE HAIDUKEN

Roman
Aus dem Französischen von Heike Boldt
KiWi 233

Panaït Istrati, der große rumänische Dichter, erzählt die
Geschichte der Haiduken, der Freiheitskämpfer und Bri-
ganten. Floricica, der Anführerin, gelingt es, die verstreu-
ten Banden zusammenzuschließen.

ONKEL ANGHEL

Roman
Aus dem Französischen von Karin Rohde
KiWi 226

Panaït Istrati fabuliert wie ein orientalischer Märchener-
zähler vom Leben auf dem Balkan und von zwei Männern, die aus Leidenschaft sterben: dem Schnapshändler
Onkel Anghel und dem Räuberhauptmann Cosma.

KYRA KYRALINA

Roman
Mit einem Vorwort von Romain Rolland
KiWi 192

In *Kyra Kyralina* erzählt der Limonadenhändler Stavro
drei Episoden aus seinem Leben, die aus dem verwöhn-
ten Jungen Dragomir einen seelischen Krüppel und Nar-
ren gemacht haben.

KiWi Paperbackreihe bei Kiepenheuer & Witsch

Heinrich Böll
Fürsorgliche Belagerung

Roman
KiWi 236

Heinrich Böll schildert in seinem vorletzten Roman drei
Tage aus dem Leben des Zeitungsverlegers und Ver-
bandspräsidenten Fritz Tolm, der mitsamt seiner Familie
durch ständige Sicherheitsmaßnahmen »fürsorglich belagert« wird.

KiWi Paperbackreihe bei Kiepenheuer & Witsch

DER WUNDERRABBI
Jüdische Geschichten

KiWi 235

Diese Auswahl jüdischer Erzählungen versammelt einige
der schönsten und charakteristischsten Texte aus der Literatur des jüdischen Lebens. Alle diese Geschichten ver-
bindet der Griff ins volle Leben, den ihre Autoren wagen;
es sind Erzählungen im Wortsinn — Geschichten voller
Witz und Charme, voller Tragik und Ironie.

KiWi Paperbackreihe bei Kiepenheuer & Witsch

JOSEPH ROTH
DER LEVIATHAN

KiWi 231

Die Geschichte des jüdischen Korallenhändlers Nissen
Piczenik, der die echten Korallen, die Geschöpfe des
Meergottes Leviathan, liebt und doch dem Betrug mit
den falschen nicht entgeht, wird in Roths meisterhafter
Darstellung zur Parabel der menschlichen Existenz.

KiWi Paperbackreihe bei Kiepenheuer & Witsch